American Football Playbook

150 Field Templates

Five 20-Yard Increments + Goal Line Templates Edition

American Football Playbook:150 Field Templates
Five 20-Yard Increments + Goal Line Templates Edition

Copyright © 2015 by Richard B. Foster

Use this book for designing your football team's plays.

In this playbook, you can design up to 20-yard plays and on various parts of the field.

There are 150 templates within this book.

Goal Line

Play Name:_____

```
-----                    -----        -----                              -----
-----                    -----        -----                              -----
```
10--10
```
-----                    -----        -----                              -----
-----                    -----        -----                              -----
-----                    -----        -----                              -----
-----                    -----        -----                              -----
```
5--5
```
-----                    -----        -----                              -----
-----                    -----        -----                              -----
-----                    -----        -----                              -----
-----                    -----        -----                              -----
```
G--G
```
-----                                                                    -----
-----                                                                    -----
-----                                                                    -----
-----                                                                    -----
-----                                                                    -----
-----                                                                    -----
-----                                                                    -----
-----                                                                    -----
-----                                                                    -----
```

Play Name:_____

```
-----                    -----      -----                                        -----
-----                    -----      -----                                        -----
10--------------------------------------------------------------------------------10
-----                    -----      -----                                        -----
-----                    -----      -----                                        -----
-----                    -----      -----                                        -----
-----                    -----      -----                                        -----
5---------------------------------------------------------------------------------5
-----                    -----      -----                                        -----
-----                    -----      -----                                        -----
-----                    -----      -----                                        -----
-----                    -----      -----                                        -----
G--------------------------------------------------------------------------------G
-----                                                                            -----
-----                                                                            -----
-----                                                                            -----
-----                                                                            -----
-----                                                                            -----
-----                                                                            -----
-----                                                                            -----
-----                                                                            -----
-----                                                                            -----
------------------------------------------------------------------------------------
```

Play Name:_____

- - - - -   - - - - -   - - - - -   - - - - -

- - - - -   - - - - -   - - - - -   - - - - -

10 - 10

- - - - -   - - - - -   - - - - -   - - - - -

- - - - -   - - - - -   - - - - -   - - - - -

- - - - -   - - - - -   - - - - -   - - - - -

- - - - -   - - - - -   - - - - -   - - - - -

5 - 5

- - - - -   - - - - -   - - - - -   - - - - -

- - - - -   - - - - -   - - - - -   - - - - -

- - - - -   - - - - -   - - - - -   - - - - -

- - - - -   - - - - -   - - - - -   - - - - -

G - G

- - - - -   - - - - -

- - - - -   - - - - -

- - - - -   - - - - -

- - - - -   - - - - -

- - - - -   - - - - -

- - - - -   - - - - -

- - - - -   - - - - -

- - - - -   - - - - -

- - - - -   - - - - -

- -

Play Name:_____

10 --10

5 --5

G === G

Play Name:_____

```
-----              -----       -----                          -----

-----              -----       -----                          -----

10------------------------------------------------------------10

-----              -----       -----                          -----

-----              -----       -----                          -----

-----              -----       -----                          -----

-----              -----       -----                          -----

5-------------------------------------------------------------5

-----              -----       -----                          -----

-----              -----       -----                          -----

-----              -----       -----                          -----

-----              -----       -----                          -----

G-------------------------------------------------------------G

-----                                                         -----

-----                                                         -----

-----                                                         -----

-----                                                         -----

-----                                                         -----

-----                                                         -----

-----                                                         -----

-----                                                         -----

-----                                                         -----

--------------------------------------------------------------
```

Play Name:_____

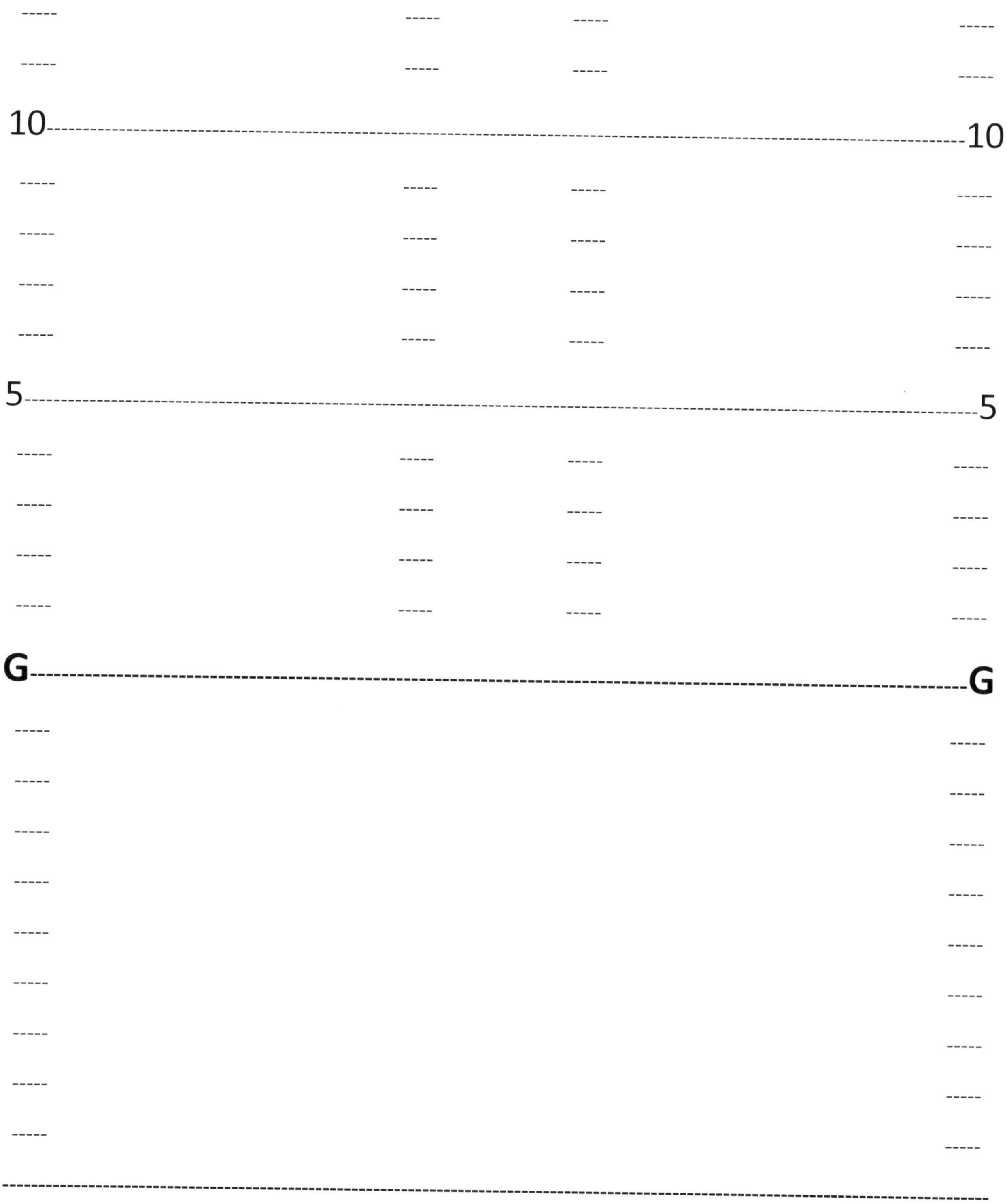

10 - 10

5 - 5

G - G

Play Name:_____

```
-----          -----     -----                    -----
-----          -----     -----                    -----

10----------------------------------------------------10

 -----          -----     -----                    -----

 -----          -----     -----                    -----

 -----          -----     -----                    -----

 -----          -----     -----                    -----

5------------------------------------------------------5

 -----          -----     -----                    -----

 -----          -----     -----                    -----

 -----          -----     -----                    -----

 -----          -----     -----                    -----

G------------------------------------------------------G

 -----                                             -----

 -----                                             -----

 -----                                             -----

 -----                                             -----

 -----                                             -----

 -----                                             -----

 -----                                             -----

 -----                                             -----

 -----                                             -----

-------------------------------------------------------
```

Play Name:_____

```
-----                    -----      -----                          -----
-----                    -----      -----                          -----
```

10--10

```
-----                    -----      -----                          -----
-----                    -----      -----                          -----
-----                    -----      -----                          -----
-----                    -----      -----                          -----
```

5--5

```
-----                    -----      -----                          -----
-----                    -----      -----                          -----
-----                    -----      -----                          -----
-----                    -----      -----                          -----
```

G--G

```
-----                                                              -----
-----                                                              -----
-----                                                              -----
-----                                                              -----
-----                                                              -----
-----                                                              -----
-----                                                              -----
-----                                                              -----
-----                                                              -----
```

Play Name:_____

```
-----              -----    -----                    -----
-----              -----    -----                    -----

10------------------------------------------------10

-----              -----    -----                    -----
-----              -----    -----                    -----
-----              -----    -----                    -----
-----              -----    -----                    -----

5-------------------------------------------------5

-----              -----    -----                    -----
-----              -----    -----                    -----
-----              -----    -----                    -----
-----              -----    -----                    -----

G-------------------------------------------------G

-----                                                -----
-----                                                -----
-----                                                -----
-----                                                -----
-----                                                -----
-----                                                -----
-----                                                -----
-----                                                -----
-----                                                -----

-------------------------------------------------
```

Play Name:_____

```
-----                    -----      -----                              -----
-----                    -----      -----                              -----
```
10--10
```
-----                    -----      -----                              -----
-----                    -----      -----                              -----
-----                    -----      -----                              -----
-----                    -----      -----                              -----
```
5--5
```
-----                    -----      -----                              -----
-----                    -----      -----                              -----
-----                    -----      -----                              -----
-----                    -----      -----                              -----
```
G--**G**
```
-----                                                                  -----
-----                                                                  -----
-----                                                                  -----
-----                                                                  -----
-----                                                                  -----
-----                                                                  -----
-----                                                                  -----
-----                                                                  -----
-----                                                                  -----
```

Play Name:_____

10 - 10

5 - 5

G - G

Play Name:_____

```
-----                    -----        -----                              -----
-----                    -----        -----                              -----
```

10--10

```
-----                    -----        -----                              -----
-----                    -----        -----                              -----
-----                    -----        -----                              -----
-----                    -----        -----                              -----
```

5--5

```
-----                    -----        -----                              -----
-----                    -----        -----                              -----
-----                    -----        -----                              -----
-----                    -----        -----                              -----
```

G---G

```
-----                                                                    -----
-----                                                                    -----
-----                                                                    -----
-----                                                                    -----
-----                                                                    -----
-----                                                                    -----
-----                                                                    -----
-----                                                                    -----
-----                                                                    -----
```

Play Name:_____

```
-----                    -----      -----                              -----
-----                    -----      -----                              -----
10------------------------------------------------------------------10
-----                    -----      -----                              -----
-----                    -----      -----                              -----
-----                    -----      -----                              -----
-----                    -----      -----                              -----
5---------------------------------------------------------------------5
-----                    -----      -----                              -----
-----                    -----      -----                              -----
-----                    -----      -----                              -----
-----                    -----      -----                              -----
G--------------------------------------------------------------------G
-----                                                                  -----
-----                                                                  -----
-----                                                                  -----
-----                                                                  -----
-----                                                                  -----
-----                                                                  -----
-----                                                                  -----
-----                                                                  -----
-----                                                                  -----
-----                                                                  -----
-----------------------------------------------------------------------
```

Play Name:_____

```
-----                    -----        -----                              -----
-----                    -----        -----                              -----

10-----------------------------------------------------------10

-----                    -----        -----                              -----

-----                    -----        -----                              -----

-----                    -----        -----                              -----

-----                    -----        -----                              -----

5-------------------------------------------------------------5

-----                    -----        -----                              -----

-----                    -----        -----                              -----

-----                    -----        -----                              -----

-----                    -----        -----                              -----

G-------------------------------------------------------------G

-----                                                         -----

-----                                                         -----

-----                                                         -----

-----                                                         -----

-----                                                         -----

-----                                                         -----

-----                                                         -----

-----                                                         -----

-----                                                         -----

-------------------------------------------------------------
```

Play Name:_____

10--10

5--5

G---G

Play Name:_____

```
-----              -----      -----                    -----
-----              -----      -----                    -----
10------------------------------------------------------10
-----              -----      -----                    -----
-----              -----      -----                    -----
-----              -----      -----                    -----
-----              -----      -----                    -----
5-------------------------------------------------------5
-----              -----      -----                    -----
-----              -----      -----                    -----
-----              -----      -----                    -----
-----              -----      -----                    -----
G-------------------------------------------------------G
-----                                                  -----
-----                                                  -----
-----                                                  -----
-----                                                  -----
-----                                                  -----
-----                                                  -----
-----                                                  -----
-----                                                  -----
-----                                                  -----
-------------------------------------------------------
```

Play Name:_____

10 --- 10

5 --- 5

G --- G

Play Name:_____

10- -10

5- -5

G- -G

Play Name:_____

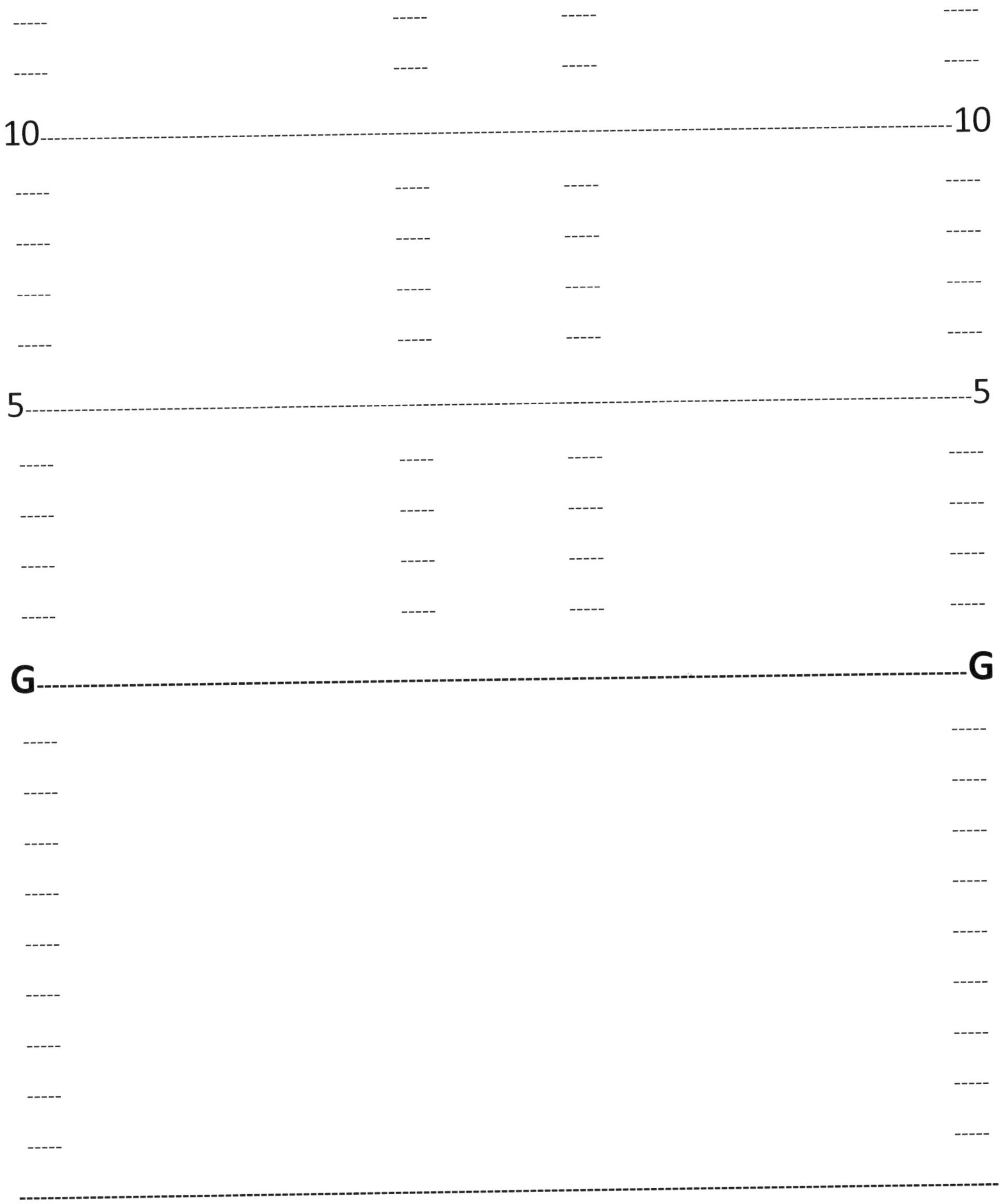

10   10

5   5

G   G

Play Name:_____

```
    -----                    -----        -----                           -----
    -----                    -----        -----                           -----

10 ----------------------------------------------------------------------- 10

    -----                    -----        -----                           -----
    -----                    -----        -----                           -----
    -----                    -----        -----                           -----
    -----                    -----        -----                           -----

5 ------------------------------------------------------------------------ 5

    -----                    -----        -----                           -----
    -----                    -----        -----                           -----
    -----                    -----        -----                           -----
    -----                    -----        -----                           -----

G ------------------------------------------------------------------------ G

    -----                                                                  -----
    -----                                                                  -----
    -----                                                                  -----
    -----                                                                  -----
    -----                                                                  -----
    -----                                                                  -----
    -----                                                                  -----
    -----                                                                  -----

    ---------------------------------------------------------------------------
```

Between:

Goal Line

and

20-Yard Line

Play Name:____

20 20

15 15

10 10

5 5

G G

Play Name:_____

```
-----          -----     -----                          -----
20------------------------------------------------------------20
-----          -----     -----                          -----
-----          -----     -----                          -----
-----          -----     -----                          -----
-----          -----     -----                          -----
15------------------------------------------------------------15
-----          -----     -----                          -----
-----          -----     -----                          -----
-----          -----     -----                          -----
-----          -----     -----                          -----
10------------------------------------------------------------10
-----          -----     -----                          -----
-----          -----     -----                          -----
-----          -----     -----                          -----
-----          -----     -----                          -----
5-------------------------------------------------------------5
-----          -----     -----                          -----
-----          -----     -----                          -----
-----          -----     -----                          -----
-----          -----     -----                          -----
G-------------------------------------------------------------G
///////////////////////////////////////////////////////////////
///////////////////////////////////////////////////////////////
///////////////////////////////////////////////////////////////
```

Play Name:_____

-----   -----   -----   -----

20--20

-----   -----   -----   -----

-----   -----   -----   -----

-----   -----   -----   -----

-----   -----   -----   -----

15--15

-----   -----   -----   -----

-----   -----   -----   -----

-----   -----   -----   -----

-----   -----   -----   -----

10--10

-----   -----   -----   -----

-----   -----   -----   -----

-----   -----   -----   -----

-----   -----   -----   -----

5--5

-----   -----   -----   -----

-----   -----   -----   -----

-----   -----   -----   -----

-----   -----   -----   -----

G--**G**

///

///

///

Play Name:_____

-----   -----   -----   -----

20---20

-----   -----   -----   -----

-----   -----   -----   -----

-----   -----   -----   -----

-----   -----   -----   -----

15---15

-----   -----   -----   -----

-----   -----   -----   -----

-----   -----   -----   -----

-----   -----   -----   -----

10---10

-----   -----   -----   -----

-----   -----   -----   -----

-----   -----   -----   -----

-----   -----   -----   -----

5---5

-----   -----   -----   -----

-----   -----   -----   -----

-----   -----   -----   -----

-----   -----   -----   -----

G---G

//

//

//

Play Name:_____

-----   -----   -----   -----

20---20

-----   -----   -----   -----

-----   -----   -----   -----

-----   -----   -----   -----

-----   -----   -----   -----

15---15

-----   -----   -----   -----

-----   -----   -----   -----

-----   -----   -----   -----

-----   -----   -----   -----

10---10

-----   -----   -----   -----

-----   -----   -----   -----

-----   -----   -----   -----

-----   -----   -----   -----

5---5

-----   -----   -----   -----

-----   -----   -----   -----

-----   -----   -----   -----

-----   -----   -----   -----

G---G

//

//

//

Play Name:_____

20 -- 20

15 -- 15

10 -- 10

5 -- 5

G -- **G**

//

//

//

Play Name:_____

```
-----                    -----        -----                              -----
20---------------------------------------------------------------------------20

-----                    -----        -----                              -----

-----                    -----        -----                              -----

-----                    -----        -----                              -----

-----                    -----        -----                              -----

15---------------------------------------------------------------------------15

-----                    -----        -----                              -----

-----                    -----        -----                              -----

-----                    -----        -----                              -----

-----                    -----        -----                              -----

10---------------------------------------------------------------------------10

-----                    -----        -----                              -----

-----                    -----        -----                              -----

-----                    -----        -----                              -----

-----                    -----        -----                              -----

5----------------------------------------------------------------------------5

-----                    -----        -----                              -----

-----                    -----        -----                              -----

-----                    -----        -----                              -----

-----                    -----        -----                              -----

G----------------------------------------------------------------------------G
/////////////////////////////////////////////////////////////////////////////
/////////////////////////////////////////////////////////////////////////////
/////////////////////////////////////////////////////////////////////////////
```

Play Name:_____

20 - 20

15 - 15

10 - 10

5 - 5

G - **G**

///

///

///

Play Name:_____

```
-----              -----      -----                              -----

20----------------------------------------------------------------------20

-----              -----      -----                              -----

-----              -----      -----                              -----

-----              -----      -----                              -----

-----              -----      -----                              -----

15----------------------------------------------------------------------15

-----              -----      -----                              -----

-----              -----      -----                              -----

-----              -----      -----                              -----

-----              -----      -----                              -----

10----------------------------------------------------------------------10

-----              -----      -----                              -----

-----              -----      -----                              -----

-----              -----      -----                              -----

-----              -----      -----                              -----

5-----------------------------------------------------------------------5

-----              -----      -----                              -----

-----              -----      -----                              -----

-----              -----      -----                              -----

-----              -----      -----                              -----

G-----------------------------------------------------------------------G
```

//

//

//

Play Name:_____

-----   -----   -----   -----

20 --- 20

-----   -----   -----   -----

-----   -----   -----   -----

-----   -----   -----   -----

-----   -----   -----   -----

15 --- 15

-----   -----   -----   -----

-----   -----   -----   -----

-----   -----   -----   -----

-----   -----   -----   -----

10 --- 10

-----   -----   -----   -----

-----   -----   -----   -----

-----   -----   -----   -----

-----   -----   -----   -----

5 --- 5

-----   -----   -----   -----

-----   -----   -----   -----

-----   -----   -----   -----

-----   -----   -----   -----

G --- **G**

///

///

///

Play Name:_____

```
-----                    -----        -----                        -----

20----------------------------------------------------------------20

-----                    -----        -----                        -----

-----                    -----        -----                        -----

-----                    -----        -----                        -----

-----                    -----        -----                        -----

15----------------------------------------------------------------15

-----                    -----        -----                        -----

-----                    -----        -----                        -----

-----                    -----        -----                        -----

-----                    -----        -----                        -----

10----------------------------------------------------------------10

-----                    -----        -----                        -----

-----                    -----        -----                        -----

-----                    -----        -----                        -----

-----                    -----        -----                        -----

5------------------------------------------------------------------5

-----                    -----        -----                        -----

-----                    -----        -----                        -----

-----                    -----        -----                        -----

-----                    -----        -----                        -----

G------------------------------------------------------------------G
```

//
//
//

Play Name:_____

‒‒‒‒‒   ‒‒‒‒‒   ‒‒‒‒‒   ‒‒‒‒‒

20 --20

‒‒‒‒‒   ‒‒‒‒‒   ‒‒‒‒‒   ‒‒‒‒‒

‒‒‒‒‒   ‒‒‒‒‒   ‒‒‒‒‒   ‒‒‒‒‒

‒‒‒‒‒   ‒‒‒‒‒   ‒‒‒‒‒   ‒‒‒‒‒

‒‒‒‒‒   ‒‒‒‒‒   ‒‒‒‒‒   ‒‒‒‒‒

15 --15

‒‒‒‒‒   ‒‒‒‒‒   ‒‒‒‒‒   ‒‒‒‒‒

‒‒‒‒‒   ‒‒‒‒‒   ‒‒‒‒‒   ‒‒‒‒‒

‒‒‒‒‒   ‒‒‒‒‒   ‒‒‒‒‒   ‒‒‒‒‒

‒‒‒‒‒   ‒‒‒‒‒   ‒‒‒‒‒   ‒‒‒‒‒

10 --10

‒‒‒‒‒   ‒‒‒‒‒   ‒‒‒‒‒   ‒‒‒‒‒

‒‒‒‒‒   ‒‒‒‒‒   ‒‒‒‒‒   ‒‒‒‒‒

‒‒‒‒‒   ‒‒‒‒‒   ‒‒‒‒‒   ‒‒‒‒‒

‒‒‒‒‒   ‒‒‒‒‒   ‒‒‒‒‒   ‒‒‒‒‒

5 --5

‒‒‒‒‒   ‒‒‒‒‒   ‒‒‒‒‒   ‒‒‒‒‒

‒‒‒‒‒   ‒‒‒‒‒   ‒‒‒‒‒   ‒‒‒‒‒

‒‒‒‒‒   ‒‒‒‒‒   ‒‒‒‒‒   ‒‒‒‒‒

‒‒‒‒‒   ‒‒‒‒‒   ‒‒‒‒‒   ‒‒‒‒‒

G --**G**

///

///

///

Play Name:_____

20 --- 20

15 --- 15

10 --- 10

5 -- 5

G --- G

///
///
///

Play Name:_____

-----   -----   -----   -----

20 -- 20

-----   -----   -----   -----

-----   -----   -----   -----

-----   -----   -----   -----

-----   -----   -----   -----

15 -- 15

-----   -----   -----   -----

-----   -----   -----   -----

-----   -----   -----   -----

-----   -----   -----   -----

10 -- 10

-----   -----   -----   -----

-----   -----   -----   -----

-----   -----   -----   -----

-----   -----   -----   -----

5 -- 5

-----   -----   -----   -----

-----   -----   -----   -----

-----   -----   -----   -----

-----   -----   -----   -----

G -- **G**

//

//

//

Play Name:_____

-----   -----   -----   -----

20--20

-----   -----   -----   -----

-----   -----   -----   -----

-----   -----   -----   -----

-----   -----   -----   -----

15--15

-----   -----   -----   -----

-----   -----   -----   -----

-----   -----   -----   -----

-----   -----   -----   -----

10--10

-----   -----   -----   -----

-----   -----   -----   -----

-----   -----   -----   -----

-----   -----   -----   -----

5--5

-----   -----   -----   -----

-----   -----   -----   -----

-----   -----   -----   -----

-----   -----   -----   -----

G--**G**

///

///

///

Play Name:_____

```
-----                    -----       -----                                    -----

20----------------------------------------------------------------------20

-----                    -----       -----                                    -----

-----                    -----       -----                                    -----

-----                    -----       -----                                    -----

-----                    -----       -----                                    -----

15----------------------------------------------------------------------15

-----                    -----       -----                                    -----

-----                    -----       -----                                    -----

-----                    -----       -----                                    -----

-----                    -----       -----                                    -----

10----------------------------------------------------------------------10

-----                    -----       -----                                    -----

-----                    -----       -----                                    -----

-----                    -----       -----                                    -----

-----                    -----       -----                                    -----

5------------------------------------------------------------------------5

-----                    -----       -----                                    -----

-----                    -----       -----                                    -----

-----                    -----       -----                                    -----

-----                    -----       -----                                    -----

G------------------------------------------------------------------------G
```

//
//
//

Play Name:_____

```
-----                    -----        -----                              -----

20---------------------------------------------------------------------------20

-----                    -----        -----                              -----

-----                    -----        -----                              -----

-----                    -----        -----                              -----

-----                    -----        -----                              -----

15---------------------------------------------------------------------------15

-----                    -----        -----                              -----

-----                    -----        -----                              -----

-----                    -----        -----                              -----

-----                    -----        -----                              -----

10---------------------------------------------------------------------------10

-----                    -----        -----                              -----

-----                    -----        -----                              -----

-----                    -----        -----                              -----

-----                    -----        -----                              -----

5----------------------------------------------------------------------------5

-----                    -----        -----                              -----

-----                    -----        -----                              -----

-----                    -----        -----                              -----

-----                    -----        -----                              -----

G----------------------------------------------------------------------------G

//////////////////////////////////////////////////////////////////////////////
//////////////////////////////////////////////////////////////////////////////
//////////////////////////////////////////////////////////////////////////////
```

Play Name:_____

-----   -----   -----   -----

20--20

-----   -----   -----   -----

-----   -----   -----   -----

-----   -----   -----   -----

-----   -----   -----   -----

15--15

-----   -----   -----   -----

-----   -----   -----   -----

-----   -----   -----   -----

-----   -----   -----   -----

10--10

-----   -----   -----   -----

-----   -----   -----   -----

-----   -----   -----   -----

-----   -----   -----   -----

5--5

-----   -----   -----   -----

-----   -----   -----   -----

-----   -----   -----   -----

-----   -----   -----   -----

G--**G**

//

//

//

Play Name:_____

```
-----                    -----      -----                              -----

20-----------------------------------------------------------------------20

-----                    -----      -----                              -----

-----                    -----      -----                              -----

-----                    -----      -----                              -----

-----                    -----      -----                              -----

15-----------------------------------------------------------------------15

-----                    -----      -----                              -----

-----                    -----      -----                              -----

-----                    -----      -----                              -----

-----                    -----      -----                              -----

10-----------------------------------------------------------------------10

-----                    -----      -----                              -----

-----                    -----      -----                              -----

-----                    -----      -----                              -----

-----                    -----      -----                              -----

5------------------------------------------------------------------------5

-----                    -----      -----                              -----

-----                    -----      -----                              -----

-----                    -----      -----                              -----

-----                    -----      -----                              -----

G------------------------------------------------------------------------G

//////////////////////////////////////////////////////////////////////////

//////////////////////////////////////////////////////////////////////////

//////////////////////////////////////////////////////////////////////////
```

Play Name:_____

- - - - -   - - - - -   - - - - -   - - - - -

20 -- 20

- - - - -   - - - - -   - - - - -   - - - - -

- - - - -   - - - - -   - - - - -   - - - - -

- - - - -   - - - - -   - - - - -   - - - - -

- - - - -   - - - - -   - - - - -   - - - - -

15 -- 15

- - - - -   - - - - -   - - - - -   - - - - -

- - - - -   - - - - -   - - - - -   - - - - -

- - - - -   - - - - -   - - - - -   - - - - -

- - - - -   - - - - -   - - - - -   - - - - -

10 -- 10

- - - - -   - - - - -   - - - - -   - - - - -

- - - - -   - - - - -   - - - - -   - - - - -

- - - - -   - - - - -   - - - - -   - - - - -

- - - - -   - - - - -   - - - - -   - - - - -

5 -- 5

- - - - -   - - - - -   - - - - -   - - - - -

- - - - -   - - - - -   - - - - -   - - - - -

- - - - -   - - - - -   - - - - -   - - - - -

- - - - -   - - - - -   - - - - -   - - - - -

G -- G

//

//

//

Between:

20-Yard Line

and

40-Yard Line

Play Name:_____

-----   -----   -----   -----

40--40

-----   -----   -----   -----

-----   -----   -----   -----

-----   -----   -----   -----

-----   -----   -----   -----

35--35

-----   -----   -----   -----

-----   -----   -----   -----

-----   -----   -----   -----

-----   -----   -----   -----

30--30

-----   -----   -----   -----

-----   -----   -----   -----

-----   -----   -----   -----

-----   -----   -----   -----

25--25

-----   -----   -----   -----

-----   -----   -----   -----

-----   -----   -----   -----

-----   -----   -----   -----

20--20

-----   -----   -----   -----

-----   -----   -----   -----

-----   -----   -----   -----

Play Name:_____

40 -- 40

35 -- 35

30 -- 30

25 -- 25

20 -- 20

Play Name:_____

-----   -----   -----   -----

40---40

-----   -----   -----   -----

-----   -----   -----   -----

-----   -----   -----   -----

-----   -----   -----   -----

35---35

-----   -----   -----   -----

-----   -----   -----   -----

-----   -----   -----   -----

-----   -----   -----   -----

30---30

-----   -----   -----   -----

-----   -----   -----   -----

-----   -----   -----   -----

-----   -----   -----   -----

25---25

-----   -----   -----   -----

-----   -----   -----   -----

-----   -----   -----   -----

-----   -----   -----   -----

20---20

-----   -----   -----   -----

-----   -----   -----   -----

-----   -----   -----   -----

Play Name:_____

-----   -----   -----   -----

40 -- 40

-----   -----   -----   -----

-----   -----   -----   -----

-----   -----   -----   -----

-----   -----   -----   -----

35 -- 35

-----   -----   -----   -----

-----   -----   -----   -----

-----   -----   -----   -----

-----   -----   -----   -----

30 -- 30

-----   -----   -----   -----

-----   -----   -----   -----

-----   -----   -----   -----

-----   -----   -----   -----

25 -- 25

-----   -----   -----   -----

-----   -----   -----   -----

-----   -----   -----   -----

-----   -----   -----   -----

20 -- 20

-----   -----   -----   -----

-----   -----   -----   -----

-----   -----   -----   -----

Play Name:_____

-----   -----   -----   -----

40---40

-----   -----   -----   -----

-----   -----   -----   -----

-----   -----   -----   -----

-----   -----   -----   -----

35---35

-----   -----   -----   -----

-----   -----   -----   -----

-----   -----   -----   -----

-----   -----   -----   -----

30---30

-----   -----   -----   -----

-----   -----   -----   -----

-----   -----   -----   -----

-----   -----   -----   -----

25---25

-----   -----   -----   -----

-----   -----   -----   -----

-----   -----   -----   -----

-----   -----   -----   -----

20---20

-----   -----   -----   -----

-----   -----   -----   -----

-----   -----   -----   -----

Play Name:_____

-----   -----   -----   -----

40--40

-----   -----   -----   -----

-----   -----   -----   -----

-----   -----   -----   -----

-----   -----   -----   -----

35--35

-----   -----   -----   -----

-----   -----   -----   -----

-----   -----   -----   -----

-----   -----   -----   -----

30--30

-----   -----   -----   -----

-----   -----   -----   -----

-----   -----   -----   -----

-----   -----   -----   -----

25--25

-----   -----   -----   -----

-----   -----   -----   -----

-----   -----   -----   -----

-----   -----   -----   -----

20--20

-----   -----   -----   -----

-----   -----   -----   -----

-----   -----   -----   -----

Play Name:_____

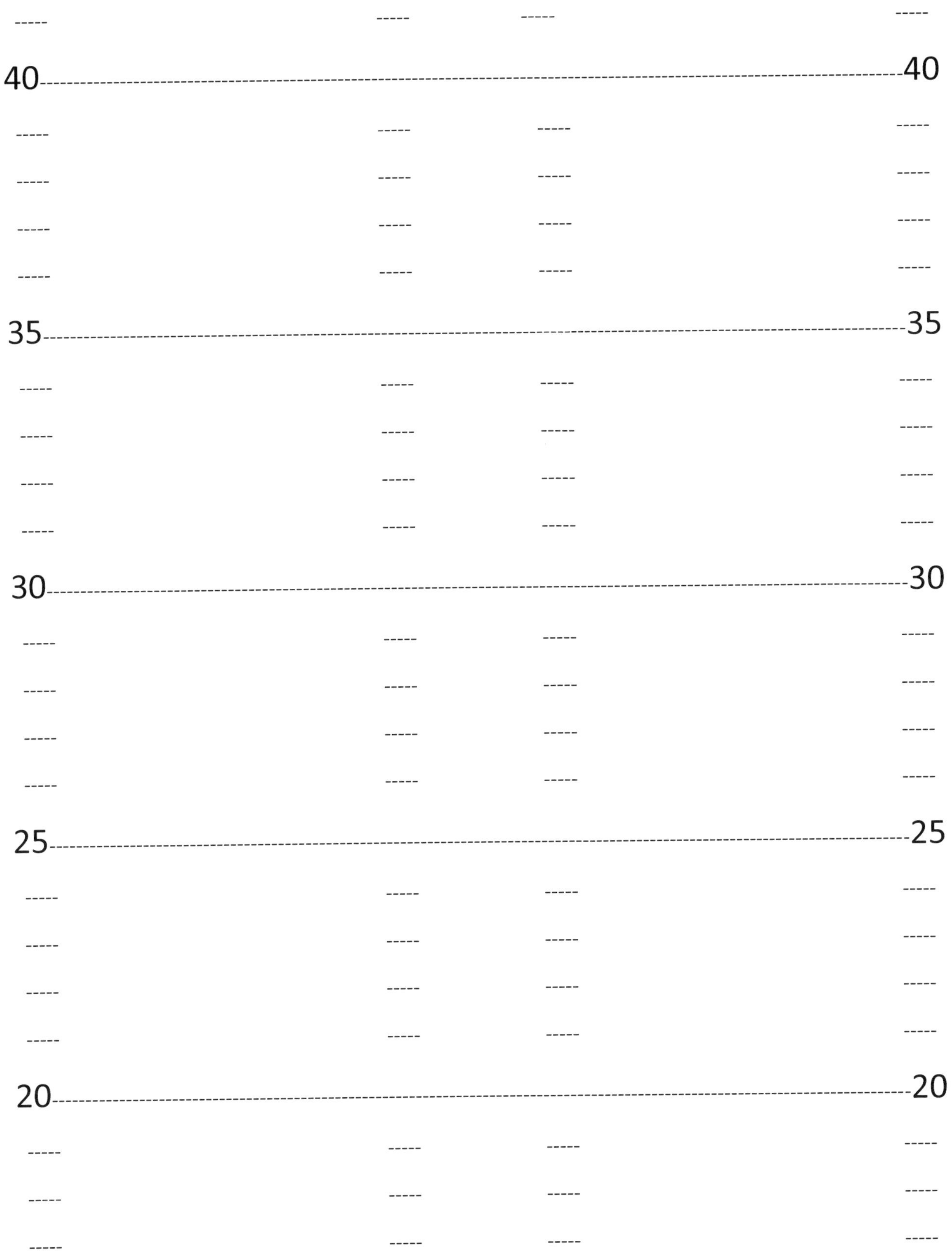

```
-----              -----    -----                    -----
40---------------------------------------------------------40
-----              -----    -----                    -----

-----              -----    -----                    -----

-----              -----    -----                    -----

-----              -----    -----                    -----
35---------------------------------------------------------35
-----              -----    -----                    -----

-----              -----    -----                    -----

-----              -----    -----                    -----

-----              -----    -----                    -----
30---------------------------------------------------------30
-----              -----    -----                    -----

-----              -----    -----                    -----

-----              -----    -----                    -----

-----              -----    -----                    -----
25---------------------------------------------------------25
-----              -----    -----                    -----

-----              -----    -----                    -----

-----              -----    -----                    -----

-----              -----    -----                    -----
20---------------------------------------------------------20
-----              -----    -----                    -----

-----              -----    -----                    -----

-----              -----    -----                    -----
```

Play Name:_____

-----   -----   -----   -----

40 -- 40

-----   -----   -----   -----

-----   -----   -----   -----

-----   -----   -----   -----

-----   -----   -----   -----

35 -- 35

-----   -----   -----   -----

-----   -----   -----   -----

-----   -----   -----   -----

-----   -----   -----   -----

30 -- 30

-----   -----   -----   -----

-----   -----   -----   -----

-----   -----   -----   -----

-----   -----   -----   -----

25 -- 25

-----   -----   -----   -----

-----   -----   -----   -----

-----   -----   -----   -----

-----   -----   -----   -----

20 -- 20

-----   -----   -----   -----

-----   -----   -----   -----

-----   -----   -----   -----

Play Name:_____

-----   -----   -----   -----

40 -- 40

-----   -----   -----   -----

-----   -----   -----   -----

-----   -----   -----   -----

-----   -----   -----   -----

35 -- 35

-----   -----   -----   -----

-----   -----   -----   -----

-----   -----   -----   -----

-----   -----   -----   -----

30 -- 30

-----   -----   -----   -----

-----   -----   -----   -----

-----   -----   -----   -----

-----   -----   -----   -----

25 -- 25

-----   -----   -----   -----

-----   -----   -----   -----

-----   -----   -----   -----

-----   -----   -----   -----

20 -- 20

-----   -----   -----   -----

-----   -----   -----   -----

-----   -----   -----   -----

Play Name:_____

-----   -----   -----   -----

40---40

-----   -----   -----   -----

-----   -----   -----   -----

-----   -----   -----   -----

-----   -----   -----   -----

35---35

-----   -----   -----   -----

-----   -----   -----   -----

-----   -----   -----   -----

-----   -----   -----   -----

30---30

-----   -----   -----   -----

-----   -----   -----   -----

-----   -----   -----   -----

-----   -----   -----   -----

25---25

-----   -----   -----   -----

-----   -----   -----   -----

-----   -----   -----   -----

-----   -----   -----   -----

20---20

-----   -----   -----   -----

-----   -----   -----   -----

-----   -----   -----   -----

Play Name:_____

-----   -----   -----   -----

40--40

-----   -----   -----   -----

-----   -----   -----   -----

-----   -----   -----   -----

-----   -----   -----   -----

35--35

-----   -----   -----   -----

-----   -----   -----   -----

-----   -----   -----   -----

-----   -----   -----   -----

30--30

-----   -----   -----   -----

-----   -----   -----   -----

-----   -----   -----   -----

-----   -----   -----   -----

25--25

-----   -----   -----   -----

-----   -----   -----   -----

-----   -----   -----   -----

-----   -----   -----   -----

20--20

-----   -----   -----   -----

-----   -----   -----   -----

-----   -----   -----   -----

Play Name:_____

-----   -----   -----   -----

40--40

-----   -----   -----   -----

-----   -----   -----   -----

-----   -----   -----   -----

-----   -----   -----   -----

35--35

-----   -----   -----   -----

-----   -----   -----   -----

-----   -----   -----   -----

-----   -----   -----   -----

30--30

-----   -----   -----   -----

-----   -----   -----   -----

-----   -----   -----   -----

-----   -----   -----   -----

25--25

-----   -----   -----   -----

-----   -----   -----   -----

-----   -----   -----   -----

-----   -----   -----   -----

20--20

-----   -----   -----   -----

-----   -----   -----   -----

-----   -----   -----   -----

Play Name:_____

```
   -----              -----        -----                          -----
40-------------------------------------------------------------40
   -----              -----        -----                          -----

   -----              -----        -----                          -----

   -----              -----        -----                          -----

   -----              -----        -----                          -----

35-------------------------------------------------------------35
   -----              -----        -----                          -----

   -----              -----        -----                          -----

   -----              -----        -----                          -----

   -----              -----        -----                          -----

30-------------------------------------------------------------30
   -----              -----        -----                          -----

   -----              -----        -----                          -----

   -----              -----        -----                          -----

   -----              -----        -----                          -----

25-------------------------------------------------------------25
   -----              -----        -----                          -----

   -----              -----        -----                          -----

   -----              -----        -----                          -----

   -----              -----        -----                          -----

20-------------------------------------------------------------20
   -----              -----        -----                          -----

   -----              -----        -----                          -----

   -----              -----        -----                          -----
```

Play Name:_____

```
-----                    -----      -----                              -----
```
40--40
```
-----                    -----      -----                              -----
-----                    -----      -----                              -----
-----                    -----      -----                              -----
-----                    -----      -----                              -----
```
35--35
```
-----                    -----      -----                              -----
-----                    -----      -----                              -----
-----                    -----      -----                              -----
-----                    -----      -----                              -----
```
30--30
```
-----                    -----      -----                              -----
-----                    -----      -----                              -----
-----                    -----      -----                              -----
-----                    -----      -----                              -----
```
25--25
```
-----                    -----      -----                              -----
-----                    -----      -----                              -----
-----                    -----      -----                              -----
-----                    -----      -----                              -----
```
20--20
```
-----                    -----      -----                              -----
-----                    -----      -----                              -----
-----                    -----      -----                              -----
```

Play Name:_____

```
-----           -----      -----                              -----

40-------------------------------------------------------------40

-----           -----      -----                              -----

-----           -----      -----                              -----

-----           -----      -----                              -----

-----           -----      -----                              -----

35-------------------------------------------------------------35

-----           -----      -----                              -----

-----           -----      -----                              -----

-----           -----      -----                              -----

-----           -----      -----                              -----

30-------------------------------------------------------------30

-----           -----      -----                              -----

-----           -----      -----                              -----

-----           -----      -----                              -----

-----           -----      -----                              -----

25-------------------------------------------------------------25

-----           -----      -----                              -----

-----           -----      -----                              -----

-----           -----      -----                              -----

-----           -----      -----                              -----

20-------------------------------------------------------------20

-----           -----      -----                              -----

-----           -----      -----                              -----

-----           -----      -----                              -----
```

Play Name:_____

-----   -----   -----   -----

40--40

-----   -----   -----   -----

-----   -----   -----   -----

-----   -----   -----   -----

-----   -----   -----   -----

35--35

-----   -----   -----   -----

-----   -----   -----   -----

-----   -----   -----   -----

-----   -----   -----   -----

30--30

-----   -----   -----   -----

-----   -----   -----   -----

-----   -----   -----   -----

-----   -----   -----   -----

25--25

-----   -----   -----   -----

-----   -----   -----   -----

-----   -----   -----   -----

-----   -----   -----   -----

20--20

-----   -----   -----   -----

-----   -----   -----   -----

-----   -----   -----   -----

Play Name:_____

-----   -----   -----   -----

40 -- 40

-----   -----   -----   -----

-----   -----   -----   -----

-----   -----   -----   -----

-----   -----   -----   -----

35 -- 35

-----   -----   -----   -----

-----   -----   -----   -----

-----   -----   -----   -----

-----   -----   -----   -----

30 -- 30

-----   -----   -----   -----

-----   -----   -----   -----

-----   -----   -----   -----

-----   -----   -----   -----

25 -- 25

-----   -----   -----   -----

-----   -----   -----   -----

-----   -----   -----   -----

-----   -----   -----   -----

20 -- 20

-----   -----   -----   -----

-----   -----   -----   -----

-----   -----   -----   -----

Play Name:_____

40 -- 40

35 -- 35

30 -- 30

25 -- 25

20 -- 20

Play Name:_____

-----   -----   -----   -----

40--40

-----   -----   -----   -----

-----   -----   -----   -----

-----   -----   -----   -----

-----   -----   -----   -----

35--35

-----   -----   -----   -----

-----   -----   -----   -----

-----   -----   -----   -----

-----   -----   -----   -----

30--30

-----   -----   -----   -----

-----   -----   -----   -----

-----   -----   -----   -----

-----   -----   -----   -----

25--25

-----   -----   -----   -----

-----   -----   -----   -----

-----   -----   -----   -----

-----   -----   -----   -----

20--20

-----   -----   -----   -----

-----   -----   -----   -----

-----   -----   -----   -----

Play Name:_____

-----   -----   -----   -----

40 --- 40

-----   -----   -----   -----

-----   -----   -----   -----

-----   -----   -----   -----

-----   -----   -----   -----

35 --- 35

-----   -----   -----   -----

-----   -----   -----   -----

-----   -----   -----   -----

-----   -----   -----   -----

30 --- 30

-----   -----   -----   -----

-----   -----   -----   -----

-----   -----   -----   -----

-----   -----   -----   -----

25 --- 25

-----   -----   -----   -----

-----   -----   -----   -----

-----   -----   -----   -----

-----   -----   -----   -----

20 --- 20

-----   -----   -----   -----

-----   -----   -----   -----

-----   -----   -----   -----

Between:

40-Yard Line

and

Opposing 40-Yard Line

Play Name:_____

40 --- 40

45 --- 45

50 --- **50**

45 --- 45

40 --- 40

Play Name:_____

```
-----                -----      -----                       -----
40--------------------------------------------------------------40
-----                -----      -----                       -----
-----                -----      -----                       -----
-----                -----      -----                       -----
-----                -----      -----                       -----
45--------------------------------------------------------------45
-----                -----      -----                       -----
-----                -----      -----                       -----
-----                -----      -----                       -----
-----                -----      -----                       -----
50--------------------------------------------------------------50
-----                -----      -----                       -----
-----                -----      -----                       -----
-----                -----      -----                       -----
-----                -----      -----                       -----
45--------------------------------------------------------------45
-----                -----      -----                       -----
-----                -----      -----                       -----
-----                -----      -----                       -----
-----                -----      -----                       -----
40--------------------------------------------------------------40
-----                -----      -----                       -----
-----                -----      -----                       -----
-----                -----      -----                       -----
```

Play Name:_____

```
  -----              -----      -----                          -----

40----------------------------------------------------------------40

  -----              -----      -----                          -----

  -----              -----      -----                          -----

  -----              -----      -----                          -----

  -----              -----      -----                          -----

45----------------------------------------------------------------45

  -----              -----      -----                          -----

  -----              -----      -----                          -----

  -----              -----      -----                          -----

  -----              -----      -----                          -----

50================================================================50

  -----              -----      -----                          -----

  -----              -----      -----                          -----

  -----              -----      -----                          -----

  -----              -----      -----                          -----

45----------------------------------------------------------------45

  -----              -----      -----                          -----

  -----              -----      -----                          -----

  -----              -----      -----                          -----

  -----              -----      -----                          -----

40----------------------------------------------------------------40

  -----              -----      -----                          -----

  -----              -----      -----                          -----

  -----              -----      -----                          -----
```

Play Name:_____

```
 -----              -----     -----                           -----
40------------------------------------------------------------40
 -----              -----     -----                           -----
 -----              -----     -----                           -----
 -----              -----     -----                           -----
 -----              -----     -----                           -----
45------------------------------------------------------------45
 -----              -----     -----                           -----
 -----              -----     -----                           -----
 -----              -----     -----                           -----
 -----              -----     -----                           -----
50------------------------------------------------------------50
 -----              -----     -----                           -----
 -----              -----     -----                           -----
 -----              -----     -----                           -----
 -----              -----     -----                           -----
45------------------------------------------------------------45
 -----              -----     -----                           -----
 -----              -----     -----                           -----
 -----              -----     -----                           -----
 -----              -----     -----                           -----
40------------------------------------------------------------40
 -----              -----     -----                           -----
 -----              -----     -----                           -----
 -----              -----     -----                           -----
```

Play Name:_____

-----   -----   -----   -----

40--40

-----   -----   -----   -----

-----   -----   -----   -----

-----   -----   -----   -----

-----   -----   -----   -----

45--45

-----   -----   -----   -----

-----   -----   -----   -----

-----   -----   -----   -----

-----   -----   -----   -----

50--**50**

-----   -----   -----   -----

-----   -----   -----   -----

-----   -----   -----   -----

-----   -----   -----   -----

45--45

-----   -----   -----   -----

-----   -----   -----   -----

-----   -----   -----   -----

-----   -----   -----   -----

40--40

-----   -----   -----   -----

-----   -----   -----   -----

-----   -----   -----   -----

Play Name:_____

40 - 40

45 - 45

50 - **50**

45 - 45

40 - 40

Play Name:_____

-----   -----   -----   -----

40---40

-----   -----   -----   -----

-----   -----   -----   -----

-----   -----   -----   -----

-----   -----   -----   -----

45---45

-----   -----   -----   -----

-----   -----   -----   -----

-----   -----   -----   -----

-----   -----   -----   -----

50---**50**

-----   -----   -----   -----

-----   -----   -----   -----

-----   -----   -----   -----

-----   -----   -----   -----

45---45

-----   -----   -----   -----

-----   -----   -----   -----

-----   -----   -----   -----

-----   -----   -----   -----

40---40

-----   -----   -----   -----

-----   -----   -----   -----

-----   -----   -----   -----

Play Name:_____

```
-----                    -----         -----                              -----
40-------------------------------------------------------------------40
-----                    -----         -----                              -----
-----                    -----         -----                              -----
-----                    -----         -----                              -----
-----                    -----         -----                              -----
45-------------------------------------------------------------------45
-----                    -----         -----                              -----
-----                    -----         -----                              -----
-----                    -----         -----                              -----
-----                    -----         -----                              -----
50-------------------------------------------------------------------50
-----                    -----         -----                              -----
-----                    -----         -----                              -----
-----                    -----         -----                              -----
-----                    -----         -----                              -----
45-------------------------------------------------------------------45
-----                    -----         -----                              -----
-----                    -----         -----                              -----
-----                    -----         -----                              -----
-----                    -----         -----                              -----
40-------------------------------------------------------------------40
-----                    -----         -----                              -----
-----                    -----         -----                              -----
-----                    -----         -----                              -----
```

Play Name:_____

40---40

45---45

50===**50**

45---45

40---40

Play Name:_____

-----   -----   -----

40 -- 40

-----   -----   -----   -----

-----   -----   -----   -----

-----   -----   -----   -----

-----   -----   -----   -----

45 -- 45

-----   -----   -----   -----

-----   -----   -----   -----

-----   -----   -----   -----

-----   -----   -----   -----

50 -- **50**

-----   -----   -----   -----

-----   -----   -----   -----

-----   -----   -----   -----

-----   -----   -----   -----

45 -- 45

-----   -----   -----   -----

-----   -----   -----   -----

-----   -----   -----   -----

-----   -----   -----   -----

40 -- 40

-----   -----   -----   -----

-----   -----   -----   -----

-----   -----   -----   -----

Play Name:_____

40 --- 40

45 --- 45

50 --- **50**

45 --- 45

40 --- 40

Play Name:_____

-----   -----   -----   -----

40   40

45   45

50   **50**

45   45

40   40

Play Name:_____

```
-----                        -----      -----                              -----

40------------------------------------------------------------------------40

    -----                    -----      -----                              -----

    -----                    -----      -----                              -----

    -----                    -----      -----                              -----

    -----                    -----      -----                              -----

45------------------------------------------------------------------------45

    -----                    -----      -----                              -----

    -----                    -----      -----                              -----

    -----                    -----      -----                              -----

    -----                    -----      -----                              -----

50========================================================================50

    -----                    -----      -----                              -----

    -----                    -----      -----                              -----

    -----                    -----      -----                              -----

    -----                    -----      -----                              -----

45------------------------------------------------------------------------45

    -----                    -----      -----                              -----

    -----                    -----      -----                              -----

    -----                    -----      -----                              -----

    -----                    -----      -----                              -----

40------------------------------------------------------------------------40

    -----                    -----      -----                              -----

    -----                    -----      -----                              -----

    -----                    -----      -----                              -----
```

Play Name:_____

```
-----              -----      -----                          -----

40----------------------------------------------------------40

-----              -----      -----                          -----

-----              -----      -----                          -----

-----              -----      -----                          -----

-----              -----      -----                          -----

45----------------------------------------------------------45

-----              -----      -----                          -----

-----              -----      -----                          -----

-----              -----      -----                          -----

-----              -----      -----                          -----

50----------------------------------------------------------50

-----              -----      -----                          -----

-----              -----      -----                          -----

-----              -----      -----                          -----

-----              -----      -----                          -----

45----------------------------------------------------------45

-----              -----      -----                          -----

-----              -----      -----                          -----

-----              -----      -----                          -----

-----              -----      -----                          -----

40----------------------------------------------------------40

-----              -----      -----                          -----

-----              -----      -----                          -----

-----              -----      -----                          -----
```

Play Name:_____

-----   -----   -----   -----

40--**40**

-----   -----   -----   -----

-----   -----   -----   -----

-----   -----   -----   -----

-----   -----   -----   -----

45--**45**

-----   -----   -----   -----

-----   -----   -----   -----

-----   -----   -----   -----

-----   -----   -----   -----

50--**50**

-----   -----   -----   -----

-----   -----   -----   -----

-----   -----   -----   -----

-----   -----   -----   -----

45--**45**

-----   -----   -----   -----

-----   -----   -----   -----

-----   -----   -----   -----

-----   -----   -----   -----

40--**40**

-----   -----   -----   -----

-----   -----   -----   -----

-----   -----   -----   -----

Play Name:_____

-----   -----   -----   -----

40--40

-----   -----   -----   -----

-----   -----   -----   -----

-----   -----   -----   -----

-----   -----   -----   -----

45--45

-----   -----   -----   -----

-----   -----   -----   -----

-----   -----   -----   -----

-----   -----   -----   -----

50--**50**

-----   -----   -----   -----

-----   -----   -----   -----

-----   -----   -----   -----

-----   -----   -----   -----

45--45

-----   -----   -----   -----

-----   -----   -----   -----

-----   -----   -----   -----

-----   -----   -----   -----

40--40

-----   -----   -----   -----

-----   -----   -----   -----

-----   -----   -----   -----

Play Name:_____

```
-----                    -----      -----                                    -----

40------------------------------------------------------------------------40

-----                    -----      -----                                    -----

-----                    -----      -----                                    -----

-----                    -----      -----                                    -----

-----                    -----      -----                                    -----

45------------------------------------------------------------------------45

-----                    -----      -----                                    -----

-----                    -----      -----                                    -----

-----                    -----      -----                                    -----

-----                    -----      -----                                    -----

50========================================================================50

-----                    -----      -----                                    -----

-----                    -----      -----                                    -----

-----                    -----      -----                                    -----

-----                    -----      -----                                    -----

45------------------------------------------------------------------------45

-----                    -----      -----                                    -----

-----                    -----      -----                                    -----

-----                    -----      -----                                    -----

-----                    -----      -----                                    -----

40------------------------------------------------------------------------40

-----                    -----      -----                                    -----

-----                    -----      -----                                    -----

-----                    -----      -----                                    -----
```

Play Name:_____

```
-----                    -----         -----                                -----
```

40--40

```
-----                    -----         -----                                -----

-----                    -----         -----                                -----

-----                    -----         -----                                -----

-----                    -----         -----                                -----
```

45--45

```
-----                    -----         -----                                -----

-----                    -----         -----                                -----

-----                    -----         -----                                -----

-----                    -----         -----                                -----
```

50--**50**

```
-----                    -----         -----                                -----

-----                    -----         -----                                -----

-----                    -----         -----                                -----

-----                    -----         -----                                -----
```

45--45

```
-----                    -----         -----                                -----

-----                    -----         -----                                -----

-----                    -----         -----                                -----

-----                    -----         -----                                -----
```

40--40

```
-----                    -----         -----                                -----

-----                    -----         -----                                -----

-----                    -----         -----                                -----
```

Play Name:_____

-----   -----   -----   -----

40--40

-----   -----   -----   -----

-----   -----   -----   -----

-----   -----   -----   -----

-----   -----   -----   -----

45--45

-----   -----   -----   -----

-----   -----   -----   -----

-----   -----   -----   -----

-----   -----   -----   -----

50--**50**

-----   -----   -----   -----

-----   -----   -----   -----

-----   -----   -----   -----

-----   -----   -----   -----

45--45

-----   -----   -----   -----

-----   -----   -----   -----

-----   -----   -----   -----

-----   -----   -----   -----

40--40

-----   -----   -----   -----

-----   -----   -----   -----

-----   -----   -----   -----

Play Name:_____

-----   -----   -----   -----

40--40

-----   -----   -----   -----

-----   -----   -----   -----

-----   -----   -----   -----

-----   -----   -----   -----

45--45

-----   -----   -----   -----

-----   -----   -----   -----

-----   -----   -----   -----

-----   -----   -----   -----

50--**50**

-----   -----   -----   -----

-----   -----   -----   -----

-----   -----   -----   -----

-----   -----   -----   -----

45--45

-----   -----   -----   -----

-----   -----   -----   -----

-----   -----   -----   -----

-----   -----   -----   -----

40--40

-----   -----   -----   -----

-----   -----   -----   -----

-----   -----   -----   -----

Between:

Opposing 40-Yard Line

and

Opposing 20-Yard Line

Play Name:_____

-----   -----   -----   -----

20--20

-----   -----   -----   -----

-----   -----   -----   -----

-----   -----   -----   -----

-----   -----   -----   -----

25--25

-----   -----   -----   -----

-----   -----   -----   -----

-----   -----   -----   -----

-----   -----   -----   -----

30--30

-----   -----   -----   -----

-----   -----   -----   -----

-----   -----   -----   -----

-----   -----   -----   -----

35--35

-----   -----   -----   -----

-----   -----   -----   -----

-----   -----   -----   -----

-----   -----   -----   -----

40--40

-----   -----   -----   -----

-----   -----   -----   -----

-----   -----   -----   -----

Play Name:_____

```
-----              -----        -----                              -----
```
20 -- 20
```
-----              -----        -----                              -----
-----              -----        -----                              -----
-----              -----        -----                              -----
-----              -----        -----                              -----
```
25 -- 25
```
-----              -----        -----                              -----
-----              -----        -----                              -----
-----              -----        -----                              -----
-----              -----        -----                              -----
```
30 -- 30
```
-----              -----        -----                              -----
-----              -----        -----                              -----
-----              -----        -----                              -----
-----              -----        -----                              -----
```
35 -- 35
```
-----              -----        -----                              -----
-----              -----        -----                              -----
-----              -----        -----                              -----
-----              -----        -----                              -----
```
40 -- 40
```
-----              -----        -----                              -----
-----              -----        -----                              -----
-----              -----        -----                              -----
```

Play Name:_____

-----   -----   -----   -----

20--20

-----   -----   -----   -----

-----   -----   -----   -----

-----   -----   -----   -----

-----   -----   -----   -----

25--25

-----   -----   -----   -----

-----   -----   -----   -----

-----   -----   -----   -----

-----   -----   -----   -----

30--30

-----   -----   -----   -----

-----   -----   -----   -----

-----   -----   -----   -----

-----   -----   -----   -----

35--35

-----   -----   -----   -----

-----   -----   -----   -----

-----   -----   -----   -----

-----   -----   -----   -----

40--40

-----   -----   -----   -----

-----   -----   -----   -----

-----   -----   -----   -----

Play Name:_____

-----   -----   -----   -----

20--20

-----   -----   -----   -----

-----   -----   -----   -----

-----   -----   -----   -----

-----   -----   -----   -----

25--25

-----   -----   -----   -----

-----   -----   -----   -----

-----   -----   -----   -----

-----   -----   -----   -----

30--30

-----   -----   -----   -----

-----   -----   -----   -----

-----   -----   -----   -----

-----   -----   -----   -----

35--35

-----   -----   -----   -----

-----   -----   -----   -----

-----   -----   -----   -----

-----   -----   -----   -----

40--40

-----   -----   -----   -----

-----   -----   -----   -----

-----   -----   -----   -----

Play Name:_____

-----   -----   -----   -----

20--20

-----   -----   -----   -----

-----   -----   -----   -----

-----   -----   -----   -----

-----   -----   -----   -----

25--25

-----   -----   -----   -----

-----   -----   -----   -----

-----   -----   -----   -----

-----   -----   -----   -----

30--30

-----   -----   -----   -----

-----   -----   -----   -----

-----   -----   -----   -----

-----   -----   -----   -----

35--35

-----   -----   -----   -----

-----   -----   -----   -----

-----   -----   -----   -----

-----   -----   -----   -----

40--40

-----   -----   -----   -----

-----   -----   -----   -----

-----   -----   -----   -----

Play Name:_____

-----   -----   -----   -----

20--20

-----   -----   -----   -----

-----   -----   -----   -----

-----   -----   -----   -----

-----   -----   -----   -----

25--25

-----   -----   -----   -----

-----   -----   -----   -----

-----   -----   -----   -----

-----   -----   -----   -----

30--30

-----   -----   -----   -----

-----   -----   -----   -----

-----   -----   -----   -----

-----   -----   -----   -----

35--35

-----   -----   -----   -----

-----   -----   -----   -----

-----   -----   -----   -----

-----   -----   -----   -----

40--40

-----   -----   -----   -----

-----   -----   -----   -----

-----   -----   -----   -----

Play Name:_____

-----   -----   -----   -----

20--20

-----   -----   -----   -----

-----   -----   -----   -----

-----   -----   -----   -----

-----   -----   -----   -----

25--25

-----   -----   -----   -----

-----   -----   -----   -----

-----   -----   -----   -----

-----   -----   -----   -----

30--30

-----   -----   -----   -----

-----   -----   -----   -----

-----   -----   -----   -----

-----   -----   -----   -----

35--35

-----   -----   -----   -----

-----   -----   -----   -----

-----   -----   -----   -----

-----   -----   -----   -----

40--40

-----   -----   -----   -----

-----   -----   -----   -----

-----   -----   -----   -----

Play Name:_____

----- ----- ----- -----

20--20

----- ----- ----- -----

----- ----- ----- -----

----- ----- ----- -----

----- ----- ----- -----

25--25

----- ----- ----- -----

----- ----- ----- -----

----- ----- ----- -----

----- ----- ----- -----

30--30

----- ----- ----- -----

----- ----- ----- -----

----- ----- ----- -----

----- ----- ----- -----

35--35

----- ----- ----- -----

----- ----- ----- -----

----- ----- ----- -----

----- ----- ----- -----

40--40

----- ----- ----- -----

----- ----- ----- -----

----- ----- ----- -----

Play Name:_____

-----   -----   -----   -----

20--20

-----   -----   -----   -----

-----   -----   -----   -----

-----   -----   -----   -----

-----   -----   -----   -----

25--25

-----   -----   -----   -----

-----   -----   -----   -----

-----   -----   -----   -----

-----   -----   -----   -----

30--30

-----   -----   -----   -----

-----   -----   -----   -----

-----   -----   -----   -----

-----   -----   -----   -----

35--35

-----   -----   -----   -----

-----   -----   -----   -----

-----   -----   -----   -----

-----   -----   -----   -----

40--40

-----   -----   -----   -----

-----   -----   -----   -----

-----   -----   -----   -----

Play Name:_____

----- ----- ----- -----

20 -- 20

----- ----- ----- -----

----- ----- ----- -----

----- ----- ----- -----

----- ----- ----- -----

25 -- 25

----- ----- ----- -----

----- ----- ----- -----

----- ----- ----- -----

----- ----- ----- -----

30 -- 30

----- ----- ----- -----

----- ----- ----- -----

----- ----- ----- -----

----- ----- ----- -----

35 -- 35

----- ----- ----- -----

----- ----- ----- -----

----- ----- ----- -----

----- ----- ----- -----

40 -- 40

----- ----- ----- -----

----- ----- ----- -----

----- ----- ----- -----

Play Name:_____

-----   -----   -----   -----

20--20

-----   -----   -----   -----

-----   -----   -----   -----

-----   -----   -----   -----

-----   -----   -----   -----

25--25

-----   -----   -----   -----

-----   -----   -----   -----

-----   -----   -----   -----

-----   -----   -----   -----

30--30

-----   -----   -----   -----

-----   -----   -----   -----

-----   -----   -----   -----

-----   -----   -----   -----

35--35

-----   -----   -----   -----

-----   -----   -----   -----

-----   -----   -----   -----

-----   -----   -----   -----

40--40

-----   -----   -----   -----

-----   -----   -----   -----

-----   -----   -----   -----

Play Name:_____

-----   -----   -----   -----

20--20

-----   -----   -----   -----

-----   -----   -----   -----

-----   -----   -----   -----

-----   -----   -----   -----

25--25

-----   -----   -----   -----

-----   -----   -----   -----

-----   -----   -----   -----

-----   -----   -----   -----

30--30

-----   -----   -----   -----

-----   -----   -----   -----

-----   -----   -----   -----

-----   -----   -----   -----

35--35

-----   -----   -----   -----

-----   -----   -----   -----

-----   -----   -----   -----

-----   -----   -----   -----

40--40

-----   -----   -----   -----

-----   -----   -----   -----

-----   -----   -----   -----

Play Name:_____

20 -- 20

25 -- 25

30 -- 30

35 -- 35

40 -- 40

Play Name:_____

-----   -----   -----   -----

20--20

-----   -----   -----   -----

-----   -----   -----   -----

-----   -----   -----   -----

-----   -----   -----   -----

25--25

-----   -----   -----   -----

-----   -----   -----   -----

-----   -----   -----   -----

-----   -----   -----   -----

30--30

-----   -----   -----   -----

-----   -----   -----   -----

-----   -----   -----   -----

-----   -----   -----   -----

35--35

-----   -----   -----   -----

-----   -----   -----   -----

-----   -----   -----   -----

-----   -----   -----   -----

40--40

-----   -----   -----   -----

-----   -----   -----   -----

-----   -----   -----   -----

Play Name:_____

-----   -----   -----   -----

20---20

-----   -----   -----   -----

-----   -----   -----   -----

-----   -----   -----   -----

-----   -----   -----   -----

25---25

-----   -----   -----   -----

-----   -----   -----   -----

-----   -----   -----   -----

-----   -----   -----   -----

30---30

-----   -----   -----   -----

-----   -----   -----   -----

-----   -----   -----   -----

-----   -----   -----   -----

35---35

-----   -----   -----   -----

-----   -----   -----   -----

-----   -----   -----   -----

-----   -----   -----   -----

40---40

-----   -----   -----   -----

-----   -----   -----   -----

-----   -----   -----   -----

Play Name:_____

-----   -----   -----   -----

20---20

-----   -----   -----   -----

-----   -----   -----   -----

-----   -----   -----   -----

-----   -----   -----   -----

25---25

-----   -----   -----   -----

-----   -----   -----   -----

-----   -----   -----   -----

-----   -----   -----   -----

30---30

-----   -----   -----   -----

-----   -----   -----   -----

-----   -----   -----   -----

-----   -----   -----   -----

35---35

-----   -----   -----   -----

-----   -----   -----   -----

-----   -----   -----   -----

-----   -----   -----   -----

40---40

-----   -----   -----   -----

-----   -----   -----   -----

-----   -----   -----   -----

Play Name:_____

-----   -----   -----   -----

20---20

-----   -----   -----   -----

-----   -----   -----   -----

-----   -----   -----   -----

-----   -----   -----   -----

25---25

-----   -----   -----   -----

-----   -----   -----   -----

-----   -----   -----   -----

-----   -----   -----   -----

30---30

-----   -----   -----   -----

-----   -----   -----   -----

-----   -----   -----   -----

-----   -----   -----   -----

35---35

-----   -----   -----   -----

-----   -----   -----   -----

-----   -----   -----   -----

-----   -----   -----   -----

40---40

-----   -----   -----   -----

-----   -----   -----   -----

-----   -----   -----   -----

Play Name:_____

-----   -----   -----   -----

20 -- 20

-----   -----   -----   -----

-----   -----   -----   -----

-----   -----   -----   -----

-----   -----   -----   -----

25 -- 25

-----   -----   -----   -----

-----   -----   -----   -----

-----   -----   -----   -----

-----   -----   -----   -----

30 -- 30

-----   -----   -----   -----

-----   -----   -----   -----

-----   -----   -----   -----

-----   -----   -----   -----

35 -- 35

-----   -----   -----   -----

-----   -----   -----   -----

-----   -----   -----   -----

-----   -----   -----   -----

40 -- 40

-----   -----   -----   -----

-----   -----   -----   -----

-----   -----   -----   -----

Play Name:_____

-----   -----   -----   -----

20--20

-----   -----   -----   -----

-----   -----   -----   -----

-----   -----   -----   -----

-----   -----   -----   -----

25--25

-----   -----   -----   -----

-----   -----   -----   -----

-----   -----   -----   -----

-----   -----   -----   -----

30--30

-----   -----   -----   -----

-----   -----   -----   -----

-----   -----   -----   -----

-----   -----   -----   -----

35--35

-----   -----   -----   -----

-----   -----   -----   -----

-----   -----   -----   -----

-----   -----   -----   -----

40--40

-----   -----   -----   -----

-----   -----   -----   -----

-----   -----   -----   -----

Play Name:_____

-----   -----   -----   -----

20--20

-----   -----   -----   -----

-----   -----   -----   -----

-----   -----   -----   -----

-----   -----   -----   -----

25--25

-----   -----   -----   -----

-----   -----   -----   -----

-----   -----   -----   -----

-----   -----   -----   -----

30--30

-----   -----   -----   -----

-----   -----   -----   -----

-----   -----   -----   -----

-----   -----   -----   -----

35--35

-----   -----   -----   -----

-----   -----   -----   -----

-----   -----   -----   -----

-----   -----   -----   -----

40--40

-----   -----   -----   -----

-----   -----   -----   -----

-----   -----   -----   -----

Between:

Opposing 20-Yard Line

and

Opposing Goal Line

Play Name:_____

//

G---**G**

-----   -----   -----   -----

-----   -----   -----   -----

-----   -----   -----   -----

-----   -----   -----   -----

5---**5**

-----   -----   -----   -----

-----   -----   -----   -----

-----   -----   -----   -----

-----   -----   -----   -----

10---**10**

-----   -----   -----   -----

-----   -----   -----   -----

-----   -----   -----   -----

-----   -----   -----   -----

15---**15**

-----   -----   -----   -----

-----   -----   -----   -----

-----   -----   -----   -----

-----   -----   -----   -----

20---**20**

-----   -----   -----   -----

-----   -----   -----   -----

-----   -----   -----   -----

Play Name:_____

//

G--**G**

-----   -----   -----   -----

-----   -----   -----   -----

-----   -----   -----   -----

-----   -----   -----   -----

5--**5**

-----   -----   -----   -----

-----   -----   -----   -----

-----   -----   -----   -----

-----   -----   -----   -----

10--**10**

-----   -----   -----   -----

-----   -----   -----   -----

-----   -----   -----   -----

-----   -----   -----   -----

15--**15**

-----   -----   -----   -----

-----   -----   -----   -----

-----   -----   -----   -----

-----   -----   -----   -----

20--**20**

-----   -----   -----   -----

-----   -----   -----   -----

-----   -----   -----   -----

Play Name:_____

//

G--**G**

-----   -----   -----   -----

-----   -----   -----   -----

-----   -----   -----   -----

-----   -----   -----   -----

5--**5**

-----   -----   -----   -----

-----   -----   -----   -----

-----   -----   -----   -----

-----   -----   -----   -----

10--**10**

-----   -----   -----   -----

-----   -----   -----   -----

-----   -----   -----   -----

-----   -----   -----   -----

15--**15**

-----   -----   -----   -----

-----   -----   -----   -----

-----   -----   -----   -----

-----   -----   -----   -----

20--**20**

-----   -----   -----   -----

-----   -----   -----   -----

-----   -----   -----   -----

Play Name:_____

//

G--G

  -----   -----   -----   -----

  -----   -----   -----   -----

  -----   -----   -----   -----

  -----   -----   -----   -----

5--5

  -----   -----   -----   -----

  -----   -----   -----   -----

  -----   -----   -----   -----

  -----   -----   -----   -----

10--10

  -----   -----   -----   -----

  -----   -----   -----   -----

  -----   -----   -----   -----

  -----   -----   -----   -----

15--15

  -----   -----   -----   -----

  -----   -----   -----   -----

  -----   -----   -----   -----

  -----   -----   -----   -----

20--20

  -----   -----   -----   -----

  -----   -----   -----   -----

  -----   -----   -----   -----

Play Name:_____

///

G--G

```
-----          -----     -----                    -----
-----          -----     -----                    -----
-----          -----     -----                    -----
-----          -----     -----                    -----
```

5--5

```
-----          -----     -----                    -----
-----          -----     -----                    -----
-----          -----     -----                    -----
-----          -----     -----                    -----
```

10--10

```
-----          -----     -----                    -----
-----          -----     -----                    -----
-----          -----     -----                    -----
-----          -----     -----                    -----
```

15--15

```
-----          -----     -----                    -----
-----          -----     -----                    -----
-----          -----     -----                    -----
-----          -----     -----                    -----
```

20--20

```
-----          -----     -----                    -----
-----          -----     -----                    -----
-----          -----     -----                    -----
```

Play Name:_____

///

G--**G**

  -----   -----   -----   -----

  -----   -----   -----   -----

  -----   -----   -----   -----

  -----   -----   -----   -----

5--**5**

  -----   -----   -----   -----

  -----   -----   -----   -----

  -----   -----   -----   -----

  -----   -----   -----   -----

10--**10**

  -----   -----   -----   -----

  -----   -----   -----   -----

  -----   -----   -----   -----

  -----   -----   -----   -----

15--**15**

  -----   -----   -----   -----

  -----   -----   -----   -----

  -----   -----   -----   -----

  -----   -----   -----   -----

20--**20**

  -----   -----   -----   -----

  -----   -----   -----   -----

  -----   -----   -----   -----

Play Name:_____

//

G--G

    -----   -----   -----   -----

    -----   -----   -----   -----

    -----   -----   -----   -----

    -----   -----   -----   -----

5--5

    -----   -----   -----   -----

    -----   -----   -----   -----

    -----   -----   -----   -----

    -----   -----   -----   -----

10--10

    -----   -----   -----   -----

    -----   -----   -----   -----

    -----   -----   -----   -----

    -----   -----   -----   -----

15--15

    -----   -----   -----   -----

    -----   -----   -----   -----

    -----   -----   -----   -----

    -----   -----   -----   -----

20--20

    -----   -----   -----   -----

    -----   -----   -----   -----

    -----   -----   -----   -----

Play Name:_____

//

G---G

-----   -----   -----   -----

-----   -----   -----   -----

-----   -----   -----   -----

-----   -----   -----   -----

5---5

-----   -----   -----   -----

-----   -----   -----   -----

-----   -----   -----   -----

-----   -----   -----   -----

10--10

-----   -----   -----   -----

-----   -----   -----   -----

-----   -----   -----   -----

-----   -----   -----   -----

15--15

-----   -----   -----   -----

-----   -----   -----   -----

-----   -----   -----   -----

-----   -----   -----   -----

20--20

-----   -----   -----   -----

-----   -----   -----   -----

-----   -----   -----   -----

Play Name:_____

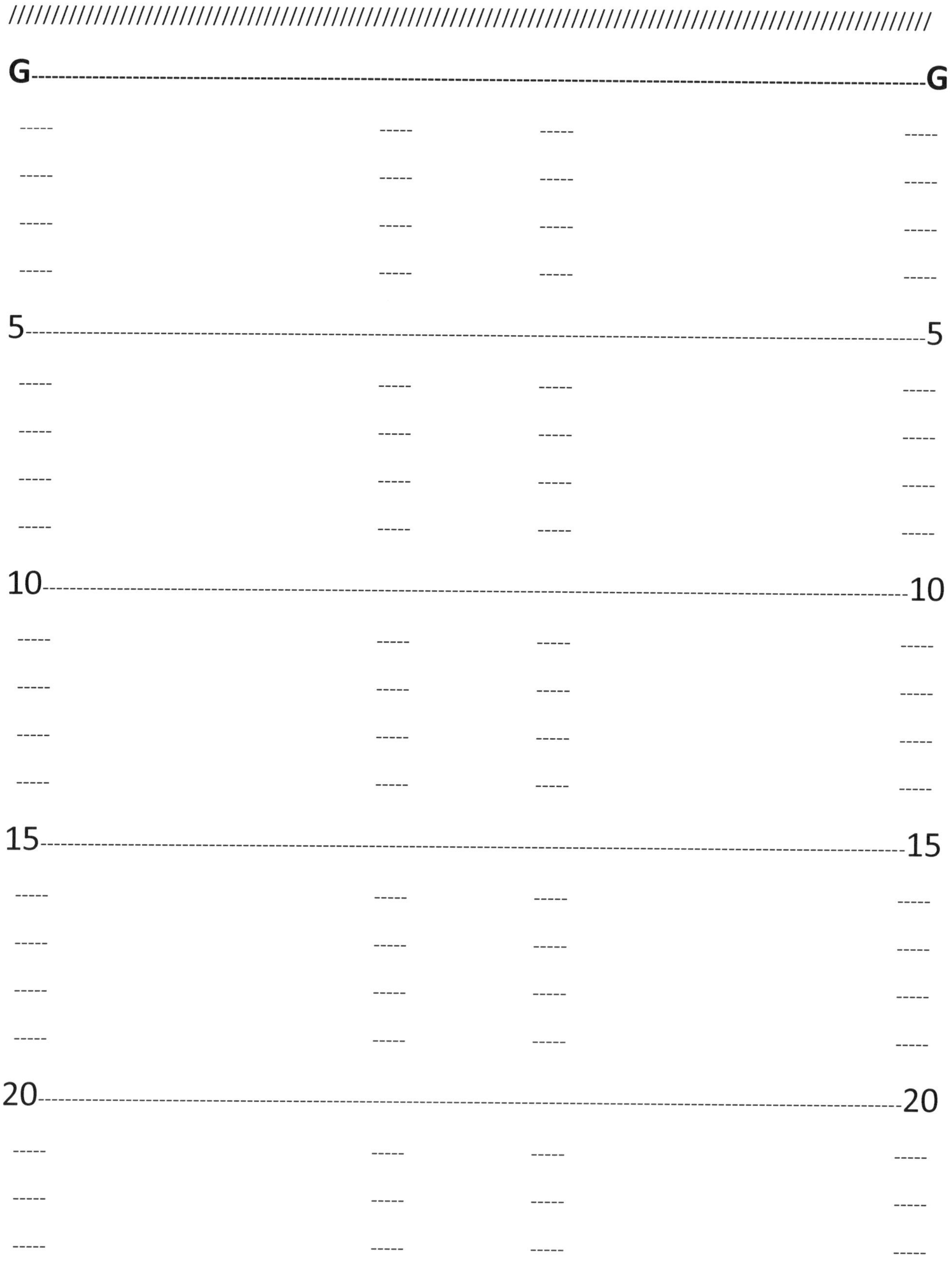

//

G - G

----- ----- ----- -----

----- ----- ----- -----

----- ----- ----- -----

----- ----- ----- -----

5 - 5

----- ----- ----- -----

----- ----- ----- -----

----- ----- ----- -----

----- ----- ----- -----

10 - 10

----- ----- ----- -----

----- ----- ----- -----

----- ----- ----- -----

----- ----- ----- -----

15 - 15

----- ----- ----- -----

----- ----- ----- -----

----- ----- ----- -----

----- ----- ----- -----

20 - 20

----- ----- ----- -----

----- ----- ----- -----

----- ----- ----- -----

Play Name:_____

///

G--G

-----   -----   -----   -----

-----   -----   -----   -----

-----   -----   -----   -----

-----   -----   -----   -----

5--5

-----   -----   -----   -----

-----   -----   -----   -----

-----   -----   -----   -----

-----   -----   -----   -----

10--10

-----   -----   -----   -----

-----   -----   -----   -----

-----   -----   -----   -----

-----   -----   -----   -----

15--15

-----   -----   -----   -----

-----   -----   -----   -----

-----   -----   -----   -----

-----   -----   -----   -----

20--20

-----   -----   -----   -----

-----   -----   -----   -----

-----   -----   -----   -----

Play Name:_____

//

G--G

-----   -----   -----   -----

-----   -----   -----   -----

-----   -----   -----   -----

-----   -----   -----   -----

5--5

-----   -----   -----   -----

-----   -----   -----   -----

-----   -----   -----   -----

-----   -----   -----   -----

10--10

-----   -----   -----   -----

-----   -----   -----   -----

-----   -----   -----   -----

-----   -----   -----   -----

15--15

-----   -----   -----   -----

-----   -----   -----   -----

-----   -----   -----   -----

-----   -----   -----   -----

20--20

-----   -----   -----   -----

-----   -----   -----   -----

-----   -----   -----   -----

Play Name:_____

//

G--G

  -----   -----   -----   -----

  -----   -----   -----   -----

  -----   -----   -----   -----

  -----   -----   -----   -----

5--5

  -----   -----   -----   -----

  -----   -----   -----   -----

  -----   -----   -----   -----

  -----   -----   -----   -----

10--10

  -----   -----   -----   -----

  -----   -----   -----   -----

  -----   -----   -----   -----

  -----   -----   -----   -----

15--15

  -----   -----   -----   -----

  -----   -----   -----   -----

  -----   -----   -----   -----

  -----   -----   -----   -----

20--20

  -----   -----   -----   -----

  -----   -----   -----   -----

  -----   -----   -----   -----

Play Name:____

//

G--**G**

----- ----- ----- -----

----- ----- ----- -----

----- ----- ----- -----

----- ----- ----- -----

5--5

----- ----- ----- -----

----- ----- ----- -----

----- ----- ----- -----

----- ----- ----- -----

10--10

----- ----- ----- -----

----- ----- ----- -----

----- ----- ----- -----

----- ----- ----- -----

15--15

----- ----- ----- -----

----- ----- ----- -----

----- ----- ----- -----

----- ----- ----- -----

20--20

----- ----- ----- -----

----- ----- ----- -----

----- ----- ----- -----

Play Name:_____

//

G--G

   -----   -----   -----   -----

   -----   -----   -----   -----

   -----   -----   -----   -----

   -----   -----   -----   -----

5--5

   -----   -----   -----   -----

   -----   -----   -----   -----

   -----   -----   -----   -----

   -----   -----   -----   -----

10--10

   -----   -----   -----   -----

   -----   -----   -----   -----

   -----   -----   -----   -----

   -----   -----   -----   -----

15--15

   -----   -----   -----   -----

   -----   -----   -----   -----

   -----   -----   -----   -----

   -----   -----   -----   -----

20--20

   -----   -----   -----   -----

   -----   -----   -----   -----

   -----   -----   -----   -----

Play Name:_____

//

G--G

- - - - -   - - - - -   - - - - -   - - - - -

- - - - -   - - - - -   - - - - -   - - - - -

- - - - -   - - - - -   - - - - -   - - - - -

- - - - -   - - - - -   - - - - -   - - - - -

5--5

- - - - -   - - - - -   - - - - -   - - - - -

- - - - -   - - - - -   - - - - -   - - - - -

- - - - -   - - - - -   - - - - -   - - - - -

- - - - -   - - - - -   - - - - -   - - - - -

10--10

- - - - -   - - - - -   - - - - -   - - - - -

- - - - -   - - - - -   - - - - -   - - - - -

- - - - -   - - - - -   - - - - -   - - - - -

- - - - -   - - - - -   - - - - -   - - - - -

15--15

- - - - -   - - - - -   - - - - -   - - - - -

- - - - -   - - - - -   - - - - -   - - - - -

- - - - -   - - - - -   - - - - -   - - - - -

- - - - -   - - - - -   - - - - -   - - - - -

20--20

- - - - -   - - - - -   - - - - -   - - - - -

- - - - -   - - - - -   - - - - -   - - - - -

- - - - -   - - - - -   - - - - -   - - - - -

Play Name:_____

//

G--G

```
-----                    -----     -----                         -----

-----                    -----     -----                         -----

-----                    -----     -----                         -----

-----                    -----     -----                         -----
```

5--5

```
-----                    -----     -----                         -----

-----                    -----     -----                         -----

-----                    -----     -----                         -----

-----                    -----     -----                         -----
```

10--10

```
-----                    -----     -----                         -----

-----                    -----     -----                         -----

-----                    -----     -----                         -----

-----                    -----     -----                         -----
```

15--15

```
-----                    -----     -----                         -----

-----                    -----     -----                         -----

-----                    -----     -----                         -----

-----                    -----     -----                         -----
```

20--20

```
-----                    -----     -----                         -----

-----                    -----     -----                         -----

-----                    -----     -----                         -----
```

Play Name:_____

//

G--G

```
-----              -----     -----              -----
-----              -----     -----              -----
-----              -----     -----              -----
-----              -----     -----              -----
```

5--5

```
-----              -----     -----              -----
-----              -----     -----              -----
-----              -----     -----              -----
-----              -----     -----              -----
```

10--10

```
-----              -----     -----              -----
-----              -----     -----              -----
-----              -----     -----              -----
-----              -----     -----              -----
```

15--15

```
-----              -----     -----              -----
-----              -----     -----              -----
-----              -----     -----              -----
-----              -----     -----              -----
```

20--20

```
-----              -----     -----              -----
-----              -----     -----              -----
-----              -----     -----              -----
```

Play Name:_____

//

G--G

-----   -----   -----   -----

-----   -----   -----   -----

-----   -----   -----   -----

-----   -----   -----   -----

5--5

-----   -----   -----   -----

-----   -----   -----   -----

-----   -----   -----   -----

-----   -----   -----   -----

10--10

-----   -----   -----   -----

-----   -----   -----   -----

-----   -----   -----   -----

-----   -----   -----   -----

15--15

-----   -----   -----   -----

-----   -----   -----   -----

-----   -----   -----   -----

-----   -----   -----   -----

20--20

-----   -----   -----   -----

-----   -----   -----   -----

-----   -----   -----   -----

Play Name:_____

///

G--G

    -----   -----   -----   -----

    -----   -----   -----   -----

    -----   -----   -----   -----

    -----   -----   -----   -----

5--5

    -----   -----   -----   -----

    -----   -----   -----   -----

    -----   -----   -----   -----

    -----   -----   -----   -----

10--10

    -----   -----   -----   -----

    -----   -----   -----   -----

    -----   -----   -----   -----

    -----   -----   -----   -----

15--15

    -----   -----   -----   -----

    -----   -----   -----   -----

    -----   -----   -----   -----

    -----   -----   -----   -----

20--20

    -----   -----   -----   -----

    -----   -----   -----   -----

    -----   -----   -----   -----

Play Name:_____

//

G--G

   -----   -----   -----   -----

   -----   -----   -----   -----

   -----   -----   -----   -----

   -----   -----   -----   -----

5--5

   -----   -----   -----   -----

   -----   -----   -----   -----

   -----   -----   -----   -----

   -----   -----   -----   -----

10---10

   -----   -----   -----   -----

   -----   -----   -----   -----

   -----   -----   -----   -----

   -----   -----   -----   -----

15---15

   -----   -----   -----   -----

   -----   -----   -----   -----

   -----   -----   -----   -----

   -----   -----   -----   -----

20---20

   -----   -----   -----   -----

   -----   -----   -----   -----

   -----   -----   -----   -----

Opposing Goal Line

Play Name:_____

G --- G

5 -- 5

10 --- 10

Play Name:_____

G -- G

5 -- 5

10 --- 10

Play Name:_____

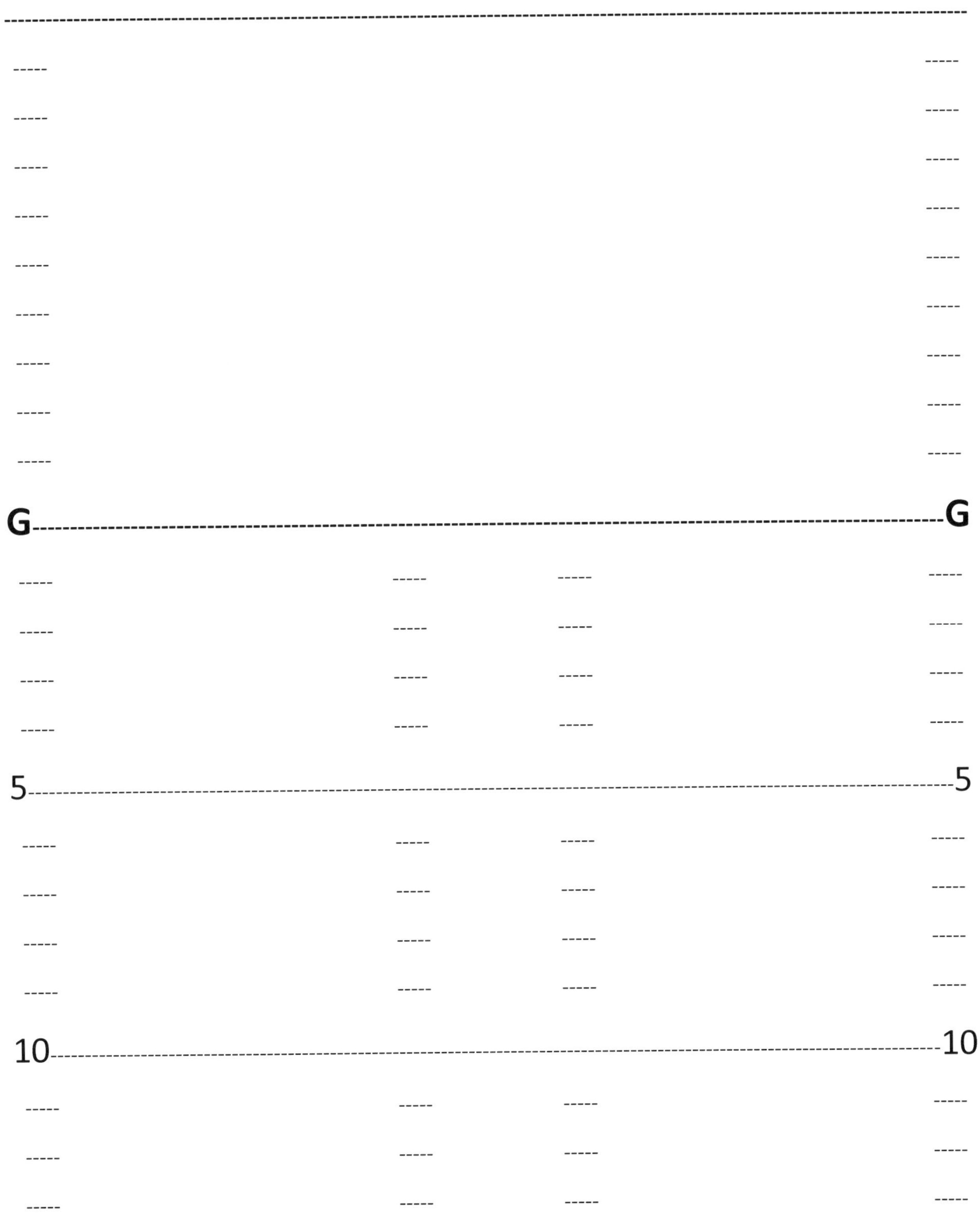

-----   -----

-----   -----

-----   -----

-----   -----

-----   -----

-----   -----

-----   -----

-----   -----

-----   -----

G--**G**

-----   -----   -----   -----

-----   -----   -----   -----

-----   -----   -----   -----

-----   -----   -----   -----

5--**5**

-----   -----   -----   -----

-----   -----   -----   -----

-----   -----   -----   -----

-----   -----   -----   -----

10---**10**

-----   -----   -----   -----

-----   -----   -----   -----

-----   -----   -----   -----

Play Name:_____

G--G

5--5

10--10

Play Name:_____

G -- G

5 -- 5

10 --- 10

Play Name:_____

G --- G

5 --- 5

10 --- 10

Play Name:_____

G -- G

5 -- 5

10 -- 10

Play Name:_____

-----   -----

-----   -----

-----   -----

-----   -----

-----   -----

-----   -----

-----   -----

-----   -----

-----   -----

G--**G**

-----   -----   -----   -----

-----   -----   -----   -----

-----   -----   -----   -----

-----   -----   -----   -----

5--**5**

-----   -----   -----   -----

-----   -----   -----   -----

-----   -----   -----   -----

-----   -----   -----   -----

10--**10**

-----   -----   -----   -----

-----   -----   -----   -----

-----   -----   -----   -----

Play Name:_____

G -- G

5 -- 5

10 --- 10

Play Name:_____

G———————————————————————————————————G

5———————————————————————————————————5

10——————————————————————————————————10

Play Name:_____

-----   -----

-----   -----

-----   -----

-----   -----

-----   -----

-----   -----

-----   -----

-----   -----

-----   -----

G--**G**

-----   -----   -----   -----

-----   -----   -----   -----

-----   -----   -----   -----

-----   -----   -----   -----

5--**5**

-----   -----   -----   -----

-----   -----   -----   -----

-----   -----   -----   -----

-----   -----   -----   -----

10--**10**

-----   -----   -----   -----

-----   -----   -----   -----

-----   -----   -----   -----

Play Name:_____

G--G

5--5

10--10

Play Name:_____

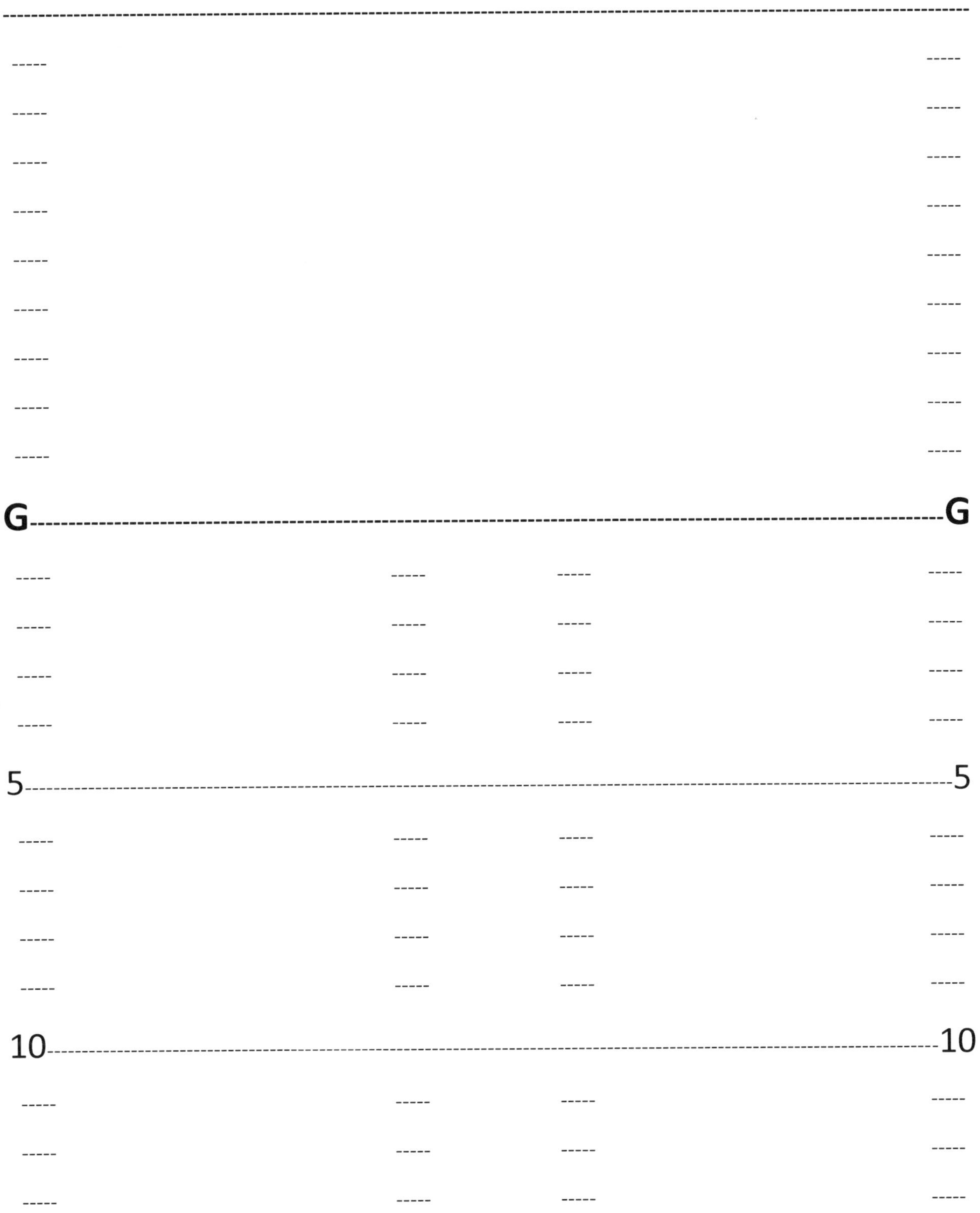

G---G

5---5

10--10

Play Name:_____

- -

\- - - - -   \- - - - -

\- - - - -   \- - - - -

\- - - - -   \- - - - -

\- - - - -   \- - - - -

\- - - - -   \- - - - -

\- - - - -   \- - - - -

\- - - - -   \- - - - -

\- - - - -   \- - - - -

\- - - - -   \- - - - -

G- -**G**

\- - - - -   \- - - - -   \- - - - -   \- - - - -

\- - - - -   \- - - - -   \- - - - -   \- - - - -

\- - - - -   \- - - - -   \- - - - -   \- - - - -

\- - - - -   \- - - - -   \- - - - -   \- - - - -

5- -**5**

\- - - - -   \- - - - -   \- - - - -   \- - - - -

\- - - - -   \- - - - -   \- - - - -   \- - - - -

\- - - - -   \- - - - -   \- - - - -   \- - - - -

\- - - - -   \- - - - -   \- - - - -   \- - - - -

10- -**10**

\- - - - -   \- - - - -   \- - - - -   \- - - - -

\- - - - -   \- - - - -   \- - - - -   \- - - - -

\- - - - -   \- - - - -   \- - - - -   \- - - - -

Play Name:_____

G--G

5--5

10--10

Play Name:_____

G——G

5——5

10———————————————————————————————————————10

Play Name:_____

-----   -----
-----   -----
-----   -----
-----   -----
-----   -----
-----   -----
-----   -----
-----   -----
-----   -----

G--**G**

-----   -----   -----   -----
-----   -----   -----   -----
-----   -----   -----   -----
-----   -----   -----   -----

5--**5**

-----   -----   -----   -----
-----   -----   -----   -----
-----   -----   -----   -----
-----   -----   -----   -----

10---**10**

-----   -----   -----   -----
-----   -----   -----   -----
-----   -----   -----   -----

Play Name:_____

```
-------------------------------------------------------------------------------------------

  -----                                                                              -----
  -----                                                                              -----
  -----                                                                              -----
  -----                                                                              -----
  -----                                                                              -----
  -----                                                                              -----
  -----                                                                              -----
  -----                                                                              -----
  -----                                                                              -----

G--------------------------------------------------------------------------------------G

  -----                        -----         -----                                   -----
  -----                        -----         -----                                   -----
  -----                        -----         -----                                   -----
  -----                        -----         -----                                   -----

5--------------------------------------------------------------------------------------5

  -----                        -----         -----                                   -----
  -----                        -----         -----                                   -----
  -----                        -----         -----                                   -----
  -----                        -----         -----                                   -----

10------------------------------------------------------------------------------------10

  -----                        -----         -----                                   -----
  -----                        -----         -----                                   -----
  -----                        -----         -----                                   -----
```

Play Name:_____

G--G

5--5

10--10

Play Name:_____

-----   -----

-----   -----

----- -----

----- -----

----- -----

----- -----

----- -----

----- -----

----- -----

G---**G**

-----   -----   -----   -----

----- ----- ----- -----

----- ----- ----- -----

----- ----- ----- -----

5---**5**

----- ----- ----- -----

----- ----- ----- -----

----- ----- ----- -----

----- ----- ----- -----

10---**10**

----- ----- ----- -----

----- ----- ----- -----

----- ----- ----- -----

Play Name:_____

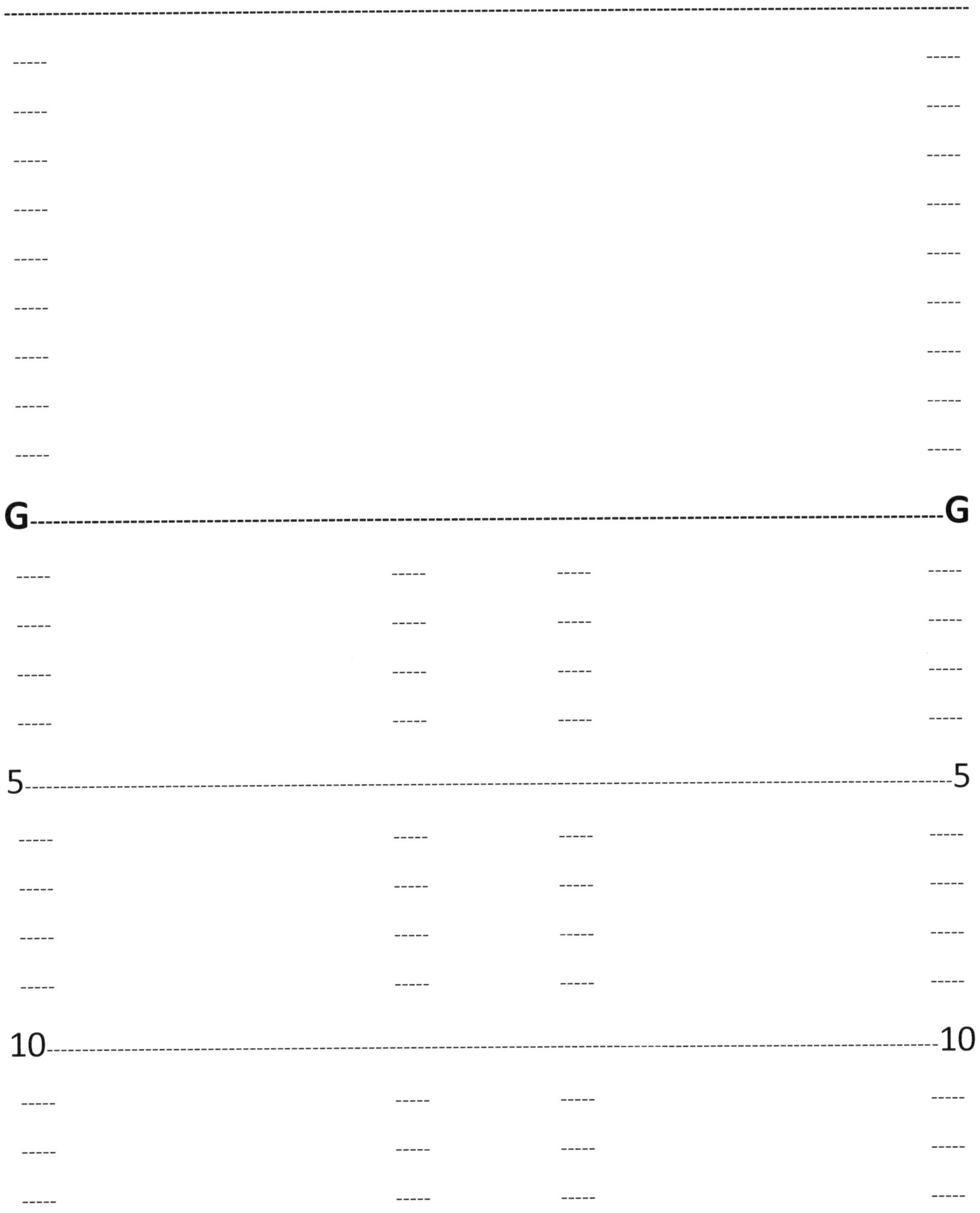

```
-------------------------------------------------------------------------------

-----                                                                     -----

-----                                                                     -----

-----                                                                     -----

-----                                                                     -----

-----                                                                     -----

-----                                                                     -----

-----                                                                     -----

-----                                                                     -----

G-----------------------------------------------------------------------G

-----                          -----        -----                         -----

-----                          -----        -----                         -----

-----                          -----        -----                         -----

-----                          -----        -----                         -----

5-----------------------------------------------------------------------5

-----                          -----        -----                         -----

-----                          -----        -----                         -----

-----                          -----        -----                         -----

-----                          -----        -----                         -----

10----------------------------------------------------------------------10

-----                          -----        -----                         -----

-----                          -----        -----                         -----

-----                          -----        -----                         -----
```

Play Name:_____

```
-------------------------------------------------------------------------------

  -----                                                                   -----

  -----                                                                   -----

  -----                                                                   -----

  -----                                                                   -----

  -----                                                                   -----

  -----                                                                   -----

  -----                                                                   -----

  -----                                                                   -----

  -----                                                                   -----

G-----------------------------------------------------------------------------G

  -----                         -----        -----                        -----

  -----                         -----        -----                        -----

  -----                         -----        -----                        -----

  -----                         -----        -----                        -----

5-----------------------------------------------------------------------------5

  -----                         -----        -----                        -----

  -----                         -----        -----                        -----

  -----                         -----        -----                        -----

  -----                         -----        -----                        -----

10---------------------------------------------------------------------------10

  -----                         -----        -----                        -----

  -----                         -----        -----                        -----

  -----                         -----        -----                        -----
```

Play Name:_____

G ⸺⸺⸺⸺⸺⸺⸺⸺⸺⸺⸺⸺ G

5 ⸺⸺⸺⸺⸺⸺⸺⸺⸺⸺⸺⸺ 5

10 ⸺⸺⸺⸺⸺⸺⸺⸺⸺⸺⸺ 10

Play Name:_____

G--G

5--5

10--10

Play Name:_____

G---G

5--5

10--10

Play Name:_____

G --- G

5 --- 5

10 -- 10

Play Name:_____

G   G

5   5

10   10

Play Name:_____

G -- G

5 -- 5

10 -- 10

Play Name:_____

G--G

5--5

10---10

Play Name:_____

G---G

5---5

10--10

Made in the USA
Columbia, SC
07 December 2018